中央高校基本科研业务费专项资金资助项目（项目编号：JBK2104011）
四川省科技计划资助项目（项目编号：2019JDR0214）

基于科研诚信建设的
科研档案管理探索

张红霞◎著

西南财经大学出版社

中国·成都

图书在版编目(CIP)数据

基于科研诚信建设的科研档案管理探索/张红霞著.
成都:西南财经大学出版社,2025.5. --ISBN 978-7-5504-6595-4

Ⅰ.G275.3

中国国家版本馆 CIP 数据核字第 2025YP4486 号

基于科研诚信建设的科研档案管理探索

JIYU KEYAN CHENGXIN JIANSHE DE KEYAN DANGAN GUANLI TANSUO

张红霞 著

策划编辑:余 尧
责任编辑:乔 雷
责任校对:余 尧
封面设计:墨创文化
责任印制:朱曼丽

出版发行	西南财经大学出版社(四川省成都市光华村街 55 号)
网　　址	http://cbs.swufe.edu.cn
电子邮件	bookcj@swufe.edu.cn
邮政编码	610074
电　　话	028-87353785
照　　排	四川胜翔数码印务设计有限公司
印　　刷	四川五洲彩印有限责任公司
成品尺寸	170 mm×240 mm
印　　张	9.5
字　　数	163 千字
版　　次	2025 年 5 月第 1 版
印　　次	2025 年 5 月第 1 次印刷
书　　号	ISBN 978-7-5504-6595-4
定　　价	68.00 元

前　言

　　科研诚信建设和科研不端治理已经成为世界各国学术界面临的共同问题。习近平总书记2016年在哲学社会科学工作座谈会上批评了社科研究中存在的学术不端、学术腐败等现象。2018年，习近平总书记在中央全面深化改革委员会第一次会议上指出，要"营造潜心研究、追求卓越、风清气正的科研环境"，并强调，"进一步加强科研诚信建设，要坚持预防和惩治并举，坚持自律和监督并重，坚持无禁区、全覆盖、零容忍，推进科研诚信建设制度化，严肃查处违背科研诚信要求的行为，营造诚实守信、追求真理、崇尚创新、鼓励探索、勇攀高峰的良好科研氛围"。

　　为进一步贯彻落实习近平总书记的要求，中办、国办、科技部等先后出台《关于进一步加强科研诚信建设的若干意见》《科研诚信案件调查处理规则（试行）》等多个文件，对科研诚信建设进行指导并实施有效的制度规范。《关于进一步加强科研诚信建设的若干意见》明确提出："从事科学研究的企业、事业单位、社会组织等应建立健全本单位教育预防、科研活动记录、科研档案保存等各项制度，明晰责任主体，完善内部监督约束机制。"《关于进一步加强科研诚信建设的若干意见》从构建科研诚信制度的角度，对档案工作者做好科研档案管理工作提出了新的要求。

　　科研档案是科学技术研究活动中形成的具有保存价值的各种形式和载体的记录，科研档案的原始性和真实性，是科学精神求真求实的同步反映，也是科研管理和科研主体是否遵循科研诚信的客观反映。科研档案对科技项目的查重查新，科研活动全过程跟踪和监管，以及对违背科研诚信要求的行为进行公平公正的调查处理等具有重要的推动作用。加强科研档案管理，对于惩戒学术不端，力戒浮躁之风，推进科研诚信建设具有极为重要的意义。以科研档案管理为抓手，更好地发挥科研档案在科研诚信建设中的作用，助力科技创新发展，已经成为一个需要深入思考的重要课题。

为此，笔者申请了四川省软科学研究计划项目"支撑科研诚信建设的科技档案管理创新研究"（项目编号：2019JDR0214），选取"科研诚信"这个具有重要性、紧迫性的研究课题，从科研档案是支撑科研诚信"失信惩戒、终身追责"的角度切入，深入调研高校、科研院所以及其他机构科研档案管理、科研诚信建设的现状，探析科研档案管理中存在的问题，由此形成对科研诚信建设的制约，提出全流程可追踪的科研档案管理建议，课题于2020年年底结项完成。

科研档案是档案家族中的重要类型之一，作为科研活动的原始记录，科研档案是科研诚信体系运行的基础与条件，同时，科学研究活动需要大胆借鉴前人的研究成果，科研档案积淀着科研组织和科研人员大量的科研经验和科研智慧，是国家科技创新发展和经济社会发展的重要基础性战略资源，在科研任务部署、重大科技攻关、重大科技路线选择、重大科技咨询、科学精神培育等方面都具有不可或缺的作用。

为深化研究成果，在既有课题研究的基础上，笔者申请了2021年度西南财经大学专著出版资助项目，将研究主题确定为"基于科研诚信的科研档案管理探索"（项目编号：JBK2104011），希冀将科研诚信建设与科研档案管理融入科研创新行动和创新生态建设中，通过有效的科研档案管理，与科研诚信建设同向而行、同频共振，在支撑科技创新的同时，营造开放、公平、客观的科研生态环境，在全社会树牢诚信精神，培育科学精神，服务创新型国家建设。

2021年6月，中办、国办印发《"十四五"全国档案事业发展规划》，对科研档案工作作出部署，要求"围绕创新驱动发展战略，强化财政资金支持科研项目档案工作监管，大力推动科学数据与科研档案协同管理"，"完善重大科技攻关、重大产品研制、重大建设项目档案利用服务机制，助力经济科技发展"。2022年6月，中办、国办印发了《关于推进社会信用体系建设高质量发展促进形成新发展格局的意见》，将强化科研诚信建设和知识产权保护列为首要任务，提出"全面推行科研诚信承诺制，加强对科研活动全过程诚信审核，提升科研机构和科研人员诚信意识。依法查处抄袭、剽窃、伪造、篡改等违背科研诚信要求的行为，打击论文买卖'黑色产业链'"。2022年10月，党的二十大报告明确提出"培育创新文化，弘扬科学家精神，涵养优良学风，营造创新氛围"，"加快实施创新驱动发展战略"，"加快实现高水平科技自立自强"，"以国家战略需求为导向，集聚力量进行原创性引领性科技攻关，坚决打赢关键核心技术攻坚战"。2023年3月，习近平总书记在第二十届中央政治局第三次集体学习中指出："要加强科研学风作风建设，坚持科学监督与诚信教育相结合，纵深推进科研作风学风治理，引导科技人员摒弃浮夸，祛除浮躁，坐住坐稳'冷板凳'。"

科研诚信是科技创新的基石，其与科研档案管理在支撑科研创新、服务治国理政、涵养科学精神、加强科研学风作风建设等方面具有内在一致性，在服务"国之大者"方面有着天然的契合性。为此，本书进一步探索创新驱动发展战略下的科研档案管理工作，希冀将科研诚信建设与科研档案管理协同推进，将科研诚信建设要求落实到科研档案管理的全过程，并切实结合科研档案管理重要环节和关键步骤，在借鉴国外科研诚信建设以及科学记录、科研数据、科学文件管理经验的基础上，探寻建设全流程可追踪的科研档案管理策略。

抱持着以上希望，笔者深入科研档案管理领域进行探索，由于学识水平有限，本书肯定有许多疏漏之处，真诚希望得到来自各方面的批评与指正！

在本书写作过程中，得到了许多同仁、专家和领导的支持和帮助，付梓之际，感谢所有帮助过我、关心着我的人们！感谢四川省软科学研究计划项目、西南财经大学专著出版资助项目的支持，感谢西南财经大学出版社乔雷编辑的精心审阅！

最后，感谢我的家人们。感谢我的父母长期无私的支持和付出，我的先生朝夕的鼓励和陪伴，还有我的两个儿子，一路的艰难困苦总能被他们的笑容化解，而他们的母亲却常常不得不放弃假期的陪伴，独自沉浸在书海，这本书是献给他们的。

张红霞

2025年3月

目　录

1　绪论 / 1

　　1.1　选题意义 / 1

　　1.2　研究现状与研究述评 / 5

　　1.3　研究思路与研究方法 / 14

　　1.4　研究内容与研究特色 / 14

2　概念界定、政策演变与支撑价值 / 17

　　2.1　概念界定 / 17

　　2.2　政策演变 / 25

　　2.3　支撑价值 / 31

3　基于科研诚信建设的科研档案管理及运行机理 / 36

　　3.1　科研档案管理的概念、内容、历史脉络 / 36

　　3.2　科研档案管理的原则 / 40

　　3.3　基于科研诚信建设的科研档案管理运行机理 / 44

4　基于科研诚信建设的科研档案管理现状及分析 / 49

　　4.1　科研档案管理与科研诚信建设的认知情况调查 / 49

4.2 高校科研档案管理现状及科研诚信建设的深度调研 / 66

4.3 高校科研档案管理工作对科研诚信建设的制约分析 / 72

5 国外科研诚信建设的经验借鉴 / 78

   5.1 世界科研诚信大会的共识 / 78

   5.2 国外科研档案管理借鉴 / 81

   5.3 发达国家科研诚信建设的经验借鉴 / 85

   5.4 国外科研档案管理的借鉴与启示 / 95

6 建设全流程可追踪的科研档案管理的策略——以高校为例 / 102

   6.1 建构科研档案管理的多方协同机制 / 102

   6.2 建立健全科研档案管理相关制度 / 106

   6.3 加强科研档案数字化转型 / 108

   6.4 实行全流程科研诚信承诺制 / 112

参考文献 / 116

附 录 / 122

   附录 A 科研档案管理与科研诚信建设的认知情况调查问卷 / 122

   附录 B 《科学技术研究档案管理规定》/ 124

   附录 C 科学技术档案案卷构成的一般要求（GBT 11822-2008）/ 129

   附录 D 关于进一步加强科研诚信建设的若干意见 / 134

1 绪论

1.1 选题意义

科研诚信是社会信用体系的重要组成部分，是科技创新的基石。科研档案作为科研活动的原始记录，反映科研活动的全部过程和最终成果。科研档案是科技创新的重要支撑，也是科研诚信体系运行的基础。为此，从科研诚信的角度来研究科研档案管理，寻找两者的有效结合点，通过有效的治理协同，可以充分发挥其服务经济社会发展，特别是服务重大科研项目、重大集体科研攻关的基础性作用。

1.1.1 推动科技创新的需要

创新是引领发展的第一动力，当今世界正处在百年未有之大变局，社会主义现代化蓝图已经擘画，落实规划蓝图必须坚持创新在现代化全局中的核心地位，把科技自立自强作为国家发展的战略支撑，坚持创新驱动发展战略，全面塑造发展新优势。科学技术研究是进行科技自主创新的重要手段，科学技术研究档案（以下简称"科研档案"）是科学技术研究最真实、最全面、最系统的记录，"凝聚了广大科研人员在科学研究和技术开发中产生的知识、技术和经验，是国家宝贵的知识财富和重要的战略资源，科技创新从本质上来说，是一种继承与发展的过程，它以知识的储备和经验的积累为基础"①。科研档案是国家推动科技创新发展和经济社会发展的重要基础性战略资源，承载了重要的科技信息资源，为科技创新提供

---

① 陈新红，孙雅欣. 科学基金项目档案管理调查研究：以科技信息资源管理为视角［M］. 北京：知识产权出版社，2018：4.

重要的信息支撑，特别是科研档案中信息来源的本源性、内容广泛性、使用价值性为科研合作提供了条件。世界产权组织调查表明，在科研活动中有效利用科技专利或档案，可缩短 60% 的研究时间和节约 40% 的科研经费。相反，提供虚假的、伪造的、篡改的数据、信息等科研不端行为不仅会受到道德制约、科研惩罚，对科研创新也是一种阻碍。学者曾指出，"科研文件的科学管理可以反映学术研究领域的造假、学术不轨行为、知识产权保护、法律和财务的责任承诺情况，有必要开展专门研究，其收益不仅限于对文件和档案管理的专业知识贡献，不仅限于对科学领域的贡献，对政府、学术机构和企业也具有重要意义。"[①]

1.1.2 适应科研范式转变的要求

20 世纪中叶以来，科学知识的生产方式发生了巨变，科学研究活动展现出诸多不同以往的新特征。科学研究已从"学院科学"时代进入"后学院科学"时代；科学研究的场所从大学转移到企业和市场；科学研究人员从业余科学家和具有渊博知识的人发展到职业科学家；科学研究的形式从自由、自发的行为，发展到有组织的政府行为、市场行为，科学的社会功能逐步凸显。科学的制度化从根本上改变了科学研究原有的行为模式，制度化的科学研究组织成为主流。随着新一轮科技革命和产业革命的深入发展，新的科学形态表现为纯粹认知导向的学术科学与实际应用导向的产业科学的相互渗透。以国家战略需求为导向，着力解决影响国家发展全局和长远利益的重大科技问题，必须健全社会主义市场经济条件下的新型举国体制，充分发挥国家作为重大科技创新组织者的作用，系统布局、系统组织、跨界集成。科研档案与科研信息有效协同，能够整合各方面的科研信息、文献和科研数据，严格、规范的科研档案的编制，有助于适应科研范式转变，支撑重大科技攻关，这也是负责任的科研规范的必然要求。对他人成果的合理引用应该成为科学研究及其成果发表过程中必须遵从的道德原则[②]。科研档案中积淀着支撑国家科技创新发展的重要战略性基础资源，"随着科研工作的发展，科研探索正走向人类未知的边界和领域，人类科研探索比过去任何时候都需要对更多已有成果的借鉴，需要更加完整、准

① 安小米. 国外科研文件和档案管理研究 [J]. 北京档案, 2007 (5): 40-41.
② 李真真, 黄小茹. 科研伦理导论: 如何开展负责任的研究 [M]. 北京: 科学出版社, 2020: 10.

确、系统的科研档案信息作为支撑，也需要更为便捷、高效、智能的科研档案管理服务"①，提升科研档案科学管理水平有助于重大科研项目的攻关和管理。

1.1.3 弘扬科学精神的需要

科学精神是在长期的科学实践活动中形成的、贯穿科研活动过程的共同信念、价值、态度和行为规范的总称。理性求真和实证求实是促进科研人员开展负责任的科学研究的原动力。科研诚信建设是"培育和践行社会主义核心价值观，弘扬科学精神、倡导创新文化，营造诚实守信的良好科研环境，加快建设创新型国家的必然要求。"弘扬科学精神在新时代科研转型中显得尤为重要，在科研活动中，必须始终秉承诚信规范的要求。从事科研活动的群体，比其他社会群体更需要一个追求真理、严谨求实、诚信负责、真诚协助的文化氛围，这一氛围与防范科研不端行为的制度体系相辅相成。科研档案记载科研项目开展的全过程，特别是对于重大攻关项目科研过程的轨迹全场景、全时段的展现，是科研主体是否遵循科研诚信的客观反映，也是弘扬科学精神的资源库。在科学发展过程中形成的科学精神和科学方法不仅缔造了科学本身，推动了技术发展，也是激励后人的宝贵精神财富。科研档案是人类科技发展历史与科技文明的重要记录与传承媒介，也是重要的科技财富，对推动现代社会精神文明发展具有重要作用。

1.1.4 完善科研治理的重要手段

长期以来，科学的理性主义和实证主义升华为科学的行为规范，被嵌入科学实践。随着社会化程度的提高，科学研究的自控和自治内化模式开始转变为制度化治理的模式。但与科技迅猛发展的态势相比，科学研究模式的转变还处于相对滞后的状态。《中共中央关于坚持和完善中国特色社

---

① 蔡盈芳. 实现科研档案工作数字化转型的要求与路径 [J]. 中国档案，2021 (7)：66-67.

会主义制度　推进国家治理体系和治理能力现代化若干重大问题的决定》①
提出，要完善科技创新体制机制，健全科技伦理治理体制，其中涉及知识
产权保护、科技社会责任和科研行为规范等一系列重大现实问题，以及科
研不当、科研不端、科研欺诈、科研剽窃等现象。随着产学研用深度融合
的技术创新体系深入发展，科技监管的制度化建设比以往更为迫切。规范
科研档案是科研诚信建设中的重要一环。科研档案作为开展科研活动的记
录，是将科研诚信建设要求落实到"项目指南、立项评审、过程管理、结
题验收和监督评估"等科技计划管理全过程的重要记录，也是对科技计划
成果质量、效益、影响进行评估的重要依据和落实"构建国家科研论文和
科技信息高端交流平台"的重要保障。《科学技术研究档案管理规定》要
求对科研活动进行全过程跟踪和监管，发现并纠正各种科技伦理问题，惩
戒学术不端，力戒浮躁之风。

1.1.5　开展国际科研合作的需要

2021 年 5 月 28 日，习近平总书记在两院院士大会、科协第十次全国
代表大会上指出："科学技术具有世界性、时代性，是人类共同的财富。
要统筹发展和安全，以全球视野谋划和推动创新，积极融入全球创新网
络，聚焦气候变化、人类健康等问题，加强同各国科研人员的联合研发。"
共建全球命运共同体，面对新冠疫情、全球气候变化等国际问题，没有一
个国家可以独善其身，必须务实合作，联合攻关。随着科技创新国际化的
趋势不断深入和互联网技术的高速发展，开放科学已经成为全球共识。通
过构建国家科研论文和科技信息高端交流平台，通过召开世界科研诚信大
会、世界档案大会，在全球凝聚更多的共识，制定有利于全球交流合作的
档案管理标准，充分运用大数据、云计算、区块链等技术，确保科研档案
能够为更多负责任的科学实践的开展提供帮助。

---

① 2019 年 10 月 31 日，中国共产党第十九届中央委员会第四次全体会议通过《中共中央关
于坚持和完善中国特色社会主义制度　推进国家治理体系和治理能力现代化若干重大问题的决
定》，提出要完善科技创新体制机制。弘扬科学精神和工匠精神，加快建设创新型国家，强化国家
战略科技力量，健全国家实验室体系，构建社会主义市场经济条件下关键核心技术攻关新型举国
体制。加大基础研究投入，健全鼓励支持基础研究、原始创新的体制机制。建立以企业为主体、
市场为导向、产学研深度融合的技术创新体系，支持大中小企业和各类主体融通创新，创新促进
科技成果转化机制，积极发展新动能，强化标准引领，提升产业基础能力和产业链现代化水平。
完善科技人才发现、培养、激励机制，健全符合科研规律的科技管理体制和政策体系，改进科技
评价体系，健全科技伦理治理体制。

1.2 研究现状与研究述评

1.2.1 文献统计和课题统计

1.2.1.1 文献统计

在中国知网（CNKI）内，将"科研诚信"与"档案"设为关键词进行主题检索，检出有效文献 87 篇，期刊论文 80 篇，报纸 1 篇，学位论文 6 篇。

在时间分布上，对 CNKI 检索所得的文献进行时间、数量分析，得出科研诚信视域下档案研究的主题分布，如图 1-1 所示。在国内，科研诚信研究大致上从 2004 年开始，从 2012 年开始研究成果逐渐增加，尤其是 2016 年以后研究成果呈现明显的上涨趋势，但总体上相关文献数量很少。国内基于科研诚信视域下的档案研究有如下主题：科研诚信、科研档案、档案建设、学术诚信、诚信档案、学术创新、科研工作者、电子档案、科研诚信档案、科研档案管理等。

在主题分布上，利用 CNKI 的"计量可视化分析"功能，对检索到的中文文献进行 10 个主要主题分析，得出科研诚信视域下档案研究中文文献时间分布，如图 1-2 所示。

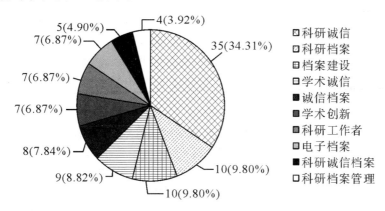

图 1-1　科研诚信视域下档案研究的主题分布

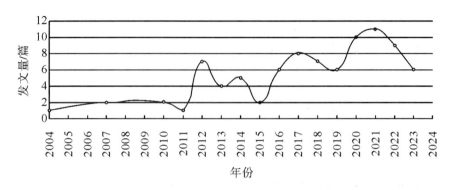

图1-2 科研诚信视域下档案研究中文文献时间分布

1.2.1.2 课题统计

在国家社科基金项目数据库中，将立项时间设定为1994—2021年，检索出与"科研诚信""科研不端""学术不端"相关的国家社科基金课题共计9项，其中，一般项目5项，西部项目2项，青年项目1项，后期资助项目1项，如表1-1所示。表1-1中大多是与科研诚信建设、科研不端行为治理相关的问题，涉及图书情报、法学、政治学、管理学、哲学、社会学等多个学科领域，在立项时间上，3项是在2010年，其他6项都在2017年之后，可以看出，这与2018年以来科研诚信建设从部门负责上升至国家战略的高度，成为社会整体诚信体系建设的一部分密切相关。

从项目名称检索出与"档案"相关的课题508项，涉及图书馆、情报与文献学，历史（中国历史、世界历史、党史党建），法学，语言学，中国文学，国际问题研究，民族问题研究，理论经济，考古，新闻传播，哲学，政治学，社会学等领域，其中学科为图书馆、情报与文献学的有194项，占全部立项项目的38.19%；与档案管理相关的有12项，如表1-2所示。

表1-1 与科研诚信、科研不端、学术不端相关的国家社科基金课题

项目号	项目名称	项目类别	学科分类	立项时间	负责人	工作单位
18FFX002	科研诚信的法律治理路径研究	后期资助项目	法学	2018/9/19	汪自成	南京审计大学
20XZZ011	多源数据视角下科研诚信体系建设的逻辑演进及治理研究	西部项目	政治学	2020/9/27	杨锐	四川省科技促进发展研究中心

表1-1(续)

项目号	项目名称	项目类别	学科分类	立项时间	负责人	工作单位
18BGL122	我国科研诚信层级式培育机制研究	一般项目	管理学	2018/6/20	张同建	江苏大学
17BZX043	德语国家面向科研诚信的科研环境治理研究	一般项目	哲学	2017/7/3	王飞	大连理工大学
10BTQ036	面向科研诚信的学术论文著录行为规范化研究	一般项目	图书馆、情报与文献学	2010/6/17	潘云涛	中国科学技术信息研究所
18XZX004	科学社会学视野下的科研不端问题研究	西部项目	哲学	2018/6/20	张德昭	重庆大学
10BZX028	科研不端行为及其防范体系研究	一般项目	哲学	2010/6/17	蒋美仕	中南大学
19BTQ084	基于多源数据的人文社会科学领域学术不端问题画像研究	一般项目	图书馆、情报与文献学	2019/7/15	李晓辉	哈尔滨师范大学
10CSH022	科研人员学术不端行为的社会学分析及防治对策研究	青年项目	社会学	2010/6/17	黄文彬	中国人民大学

表1-2 与档案管理相关的国家社科基金课题

项目号	项目名称	项目类别	学科分类	立项时间	主持人	工作单位
19ATQ009	新时代我国档案管理体制改革研究	重点项目	图书馆、情报与文献学	2019/7/15	徐拥军	中国人民大学
18ATQ008	国家大数据战略下档案管理理论与实践创新研究	重点项目	图书馆、情报与文献学	2018/6/21	李泽锋	郑州航空工业管理学院
17BTQ077	民国时期档案管理思想研究	一般项目	图书馆、情报与文献学	2017/6/30	张会超	上海师范大学
16CTQ036	新型城镇化背景下农民工档案管理机制研究	青年项目	图书馆、情报与文献学	2016/6/16	马林青	中国人民大学
15BTQ083	西部少数民族传统村落档案管理与利用研究	一般项目	图书馆、情报与文献学	2015/6/16	王萍	四川大学
97BTQ008	社会主义市场经济条件下人事档案管理问题研究	一般项目	图书馆、情报与文献学	1997/4/15	朱玉媛	武汉大学
12CTQ037	社会记忆视野下的重大事件档案管理机制与资源开发利用模式	青年项目	图书馆、情报与文献学	2012/5/14	蔡娜	四川大学

表1-2(续)

项目号	项目名称	项目类别	学科分类	立项时间	主持人	工作单位
10BTQ039	信息生态学理论与我国居民电子健康档案管理研究	一般项目	图书馆、情报与文献学	2010/6/17	卞昭玲	河北大学
06BTQ035	社会转型期中国人事档案管理改革的对策与方案研究	一般项目	图书馆、情报与文献学	2006/7/1	王英玮	中国人民大学
04BTQ019	基于 XML 的电子文件和电子档案管理元数据标准研究	一般项目	图书馆、情报与文献学	2004/5/9	邱晓威	国家档案局档案科学技术研究所
02BTQ020	转型期的档案管理体制研究	一般项目	图书馆、情报与文献学	2002/7/1	张玉影	安徽大学
09FTQ002	中国古代档案管理制度研究	后期资助项目	图书馆、情报与文献学	2009/1/1	赵彦昌	辽宁大学

1.2.2 近十年研究动态

截至 2021 年 12 月 31 日，在 CNKI 检索关键词"科研档案"，显示近 11 年（2011—2021 年）共有 1 847 篇相关文献，其中，核心期刊、中文社会科学引文索引（CSSCI）来源期刊及工程索引（EI）共计 766 篇。将关键词改为"科研档案、科研诚信"进行检索，共计 40 篇相关文献，其中核心期刊有 17 篇。将关键词改为"科研档案、诚信科研"进行检索，共计 19 篇相关文献，其中核心期刊有 11 篇，再添加关键词"管理"检索出 6 篇，其中核心期刊 3 篇。上述文献研究了诚信档案建设对科研不端治理的意义，高校教师科研诚信档案建设中存在的问题和建设策略，以及科研诚信档案管理的建设研究。笔者在深入分析文献内容后发现，与本领域相关的研究主要集中在以下几个方面。

1.2.2.1 科研诚信建设相关研究

2011 年 12 月，教育部出台《教育部关于切实加强和改进高等学校学风建设的实施意见》，要求高校每年对教师进行科研诚信教育和年度考核，提出了建立科研诚信档案的明确规定，对存在学术不端行为的教师采取"取消申报项目资格""追究法律责任"惩处手段，以此加强高校学术诚信建设。科研诚信教育是保障科研事业健康发展的必然要求，应充分发挥诚信在个人塑造和社会建设等方面的重要作用，加强传统文化教育、宣传引导，提高科研人员的科研诚信认知水平和自律意识。肖玥认为，科研诚信问题已经成为国家的重要议题和社会的关注点，随着科研新范式的发展和确立，开放环境下科研成果在登记、评估、传播、存档环节中的科研诚信问题仍将是未来该领域讨论的焦点。高攀俊认为，要从立法层面加强对学术不端行为的打击。伍楠林认为，高校在科研诚信建设中主要面临科研诚信教育缺失、现行高校评价机制存在负面影响和监督体系与惩处制度尚有不足等问题，要制定和完善相关管理制度和监督惩戒机制。冯凌子等使用政策文本计算法与政策文献量化法对我国发布的科研诚信政策和地方响应情况进行分析，认为近年相关学者围绕国家创新建设的发文量骤增，主管部门的治理态度更坚决、措施更加具体，治理模式由部门协同上升为中央牵头，方法上逐渐从自我约束、道德教育转变到制度建设与道德建设共管。

1.2.2.2　科研档案管理相关研究

（1）科研档案对科研创新的支撑。

刘志鹏认为，建立完善的科研档案文献体系并有效地开发和利用科研档案文献资源，对科研活动的开展至关重要，应制定科研档案公开的规定和标准，为构建科研档案共享平台提供基础性保障。薛冰认为，只有经过传播，科学技术才能内化为生产者的技能，进而作用于劳动对象，发展社会生产力，推进社会各领域的变化。李甜认为，《科学技术研究档案管理规定》虽然突出了"围绕中心，服务大局"的档案工作主线，精准把握了档案管理的发展趋向，但需要进一步完善科研档案定义，明确科研档案管理职责，优化档案管理流程。蔡盈芳认为，加强科研档案共享和开放利用是发挥科研档案价值的重要途径。

（2）加强科研档案资源体系建设。

张丽认为，对科研档案的服务模式和效益进行评价，是促进档案工作开展的有效手段，应"全员、全程、全方位"强化其在高校档案管理中的运用。李娟等认为，档案管理人员应在科研档案领域引入数据集成管理理念，依托 Biztalk 软件，构建基于高效率数据共享技术的新型档案管理平台，优化科研档案归档流程，提高科研档案质量。彭插三认为，可以从制度规范体系、过程管理体系以及信息资源管理体系三个方面对高校科研档案管理体系进行系统管理。李淼借鉴境外科研类机构管理特点和档案资源特色，提出建立档案管理责任体系、档案资源的集中统一体系、重要档案资源体系等对策意见。蔡盈芳认为，科研档案的管理是一个前后连贯的过程，应全面落实科研文件材料归档、整理要求，保管要求，定期鉴定、销毁和统计要求以及档案规制和流向要求。

（3）科研档案管理创新。

关宏玉等认为，建立统一的科研文件档案管理规范，有利于保证文件在整个生命周期内的真实、完整、可靠、安全与可用，保证科研信息的质量；有利于形成连贯和一致的文件起草要求、管理规范（分类、立卷）、归档范围和利用标准等，提高科研项目管理的水平。胡志富提出，要加强集成管理的理念，构建覆盖科研档案形成、收集、整理、归档、保管、利用全过程的"科研项目组、科研管理部门（科研院、社科院）和档案馆"三位一体的科研档案集成管理模式。李淼认为，跨机构、跨学科、跨地域、跨平台的科研项目需要加强项目档案和档案工作集中统一管理，建立基于项目业务流全过程的档案管理，构建"三跨"档案信息平台。赵红霞提出了应对高校科研档案分级管理模式问题的策略。张丽娟提出，要建立科学的科研档案管理考核制度、四位一体的层级管理、以知识管理为理念的科研档案信息化建设制度，加强科研档案管理。杨文娜等认为，应该立足科研项目全生命周期，厘清文件归档范围与管理责任，实行科研项目档案全流程管理；强化科研项目前端控制思想，提前制订管理计划；构建多方主体合作机制；强化数字环境下科研项目档案的收、管、用制度。李剑锋等认为，档案著录工作是对档案内容和形式特征的分析、选择和记录，是档案工作标准化和规范化的基础。蔡盈芳提出，科研档案管理要遵循有效保护和利用、集中统一、"三纳入"、"四同时"、分类分级审查或验收、经费列入预算等原则。蔡盈芳还认为，科研档案利用工作要求将"利用"作为档案工作的目标和宗旨，利用是实现科研档案价值、践行科研档案工作宗旨的关键和重要环节。

1.2.2.3 科研档案与科研数据协同管理

新一代信息技术广泛应用，为提升档案的保存、归档、使用和建设科研诚信提供了条件。工业 4.0 技术、数字经济等快速发展，科研档案、科研数据、科研信息开始爆炸式增长，科研档案的数字化、网络化、智能化得以实现，知识图谱、机器学习等高新技术的快速发展和场景式应用，为科研诚信数据库建设、科研档案智能化管理提供了技术支撑，也为科研档案的开放利用提供了条件。与此同时，信息技术为科研诚信数据库的建设和规范化管理提供了技术支撑。目前，我国科研工作面对的工作环境、对象、内容都已经发生巨大变化，迫切要求我们在强化科研诚信的基础上，创新档案工作的理念、方法、模式，加快信息化转型，促进科学数据和科研档案协同管理，推动科技档案全面纳入国家大数据战略，为科学技术创新提供便捷、高效、精准的服务。

（1）数字档案的发展与管理。

随着数字档案数量的急剧增加，大数据、云计算、语义网等信息技术开始推动档案管理方法的创新。从2010年起，美国国家档案馆就以"科技档案"为名开始接收美国国家技术信息服务局（NTIS）收藏的科学、技术、工程信息的数字化副本，并形成超过40年的记录。王利伟基于机构知识库与科研档案的现状与共性，探讨目前条件下我国科研档案与科研数据实现共建共享的必要性和建设方案。郝春红等借鉴英国数据资产框架，提出了数字科研档案资产管理的核心在于对数字科研档案建立审计管理制度和风险管理机制，并采用信息化管理手段实现高效管理。张厚军提出，运用网络化模式对科研档案进行信息化、数字化管理，形成完整、有序、动态的科研信息共享资源，开发并充分运用其促进创新的功能，推动科研创新水平不断提升。何南洋认为，从科研档案的生命周期出发，在数据收集子系统、档案保管子系统和档案利用子系统等方面，要加强科研档案信息化建设的策略。蔡盈芳认为，实现档案业务对数据管理业务的融合，需要重构档案业务的管理范围，实现档案业务由原始记录非现行阶段向全部半现行阶段和全部的现行阶段延伸和扩展，实行数据治理、数据业务等与档案业务的融合。

（2）数字档案的服务利用。

蔡盈芳认为，科研档案工作数字化转型是档案工作的大趋势，是科研活动对档案工作的要求。段凤等指出了数据挖掘在科研档案中的应用。刘晓云认为，高校科研档案的数字化、知识图谱等推动科研档案向精细化管理与智能化服务发展。吴春明认为，科学家未来的主要任务不是获取更多的数据，而是"从厚到薄"，是把"大数据"变"小数据"，这就需要快速、准确和主动地提供科研档案知识服务。霍倩认为，档案部门作为守护信息资源的重要机构，要发挥其在科学数据管理中的优势和特点，积极推动科学数据管理政策体系的发展与完善，制定科学数据归档政策，加强科学数据管理政策的协同发展，构建集成利用服务平台和科研档案跨界合作。刘娜提出，大科学工程作为跨学科、跨领域、跨机构开展的大型科研项目，其档案具有独特的价值和特点，在追溯历史传承记忆、总结经验认识规律、塑造形象凝聚认同、留存凭证保护权益、申报奖项追加投资五方面具有重要作用。郎贤梅认为，"最多跑一次"改革背景下高校档案服务必须进行适应性改革，推动数字化改革势在必行，从构建法治规约、丰富数字资源、保障信息安全和提升服务能力等方面进行改革。

（3）科研档案与知识产权管理。

顾香玉等认为，科研人员对科研档案、科学数据的利用和需求正在发生变化，这对作为科技信息资源的科研档案的共享利用提出了更高的要求。由于科研人员以及管理人员档案意识不强、管理制度欠缺等诸多原因，涉密科研档案的管理水平和保护措施滞后。陈淑媛提出，科研档案管理部门应从培养知识管理理念、优化知识管理结构、促进知识流程共享和构建知识管理应用平台等方面入手，加强对高校科研课题档案的管理和利用。

1.2.2.4 关于科研档案与科研诚信的研究

科研档案管理与科研诚信建设具有内在的一致性，学术不端是阻碍科技进步的因素之一，建设科研诚信档案增强了对不良行为的威慑力度，可有效遏制科研不端行为。遏制科研不端行为，一是要推动已有相关法律政策不断完善，努力获得信息技术支撑；二是应坚持可信、完整与开放的价值取向，尤其要解决内容构成不明确、利益相关方职责不清晰、相关政策法律规定不健全、开放共享与隐私保护协调难等问题。科研诚信档案建设是加强科研人员自省自律的现实需要，更是推进诚信社会建设的重要措施，利用大数据技术和管理优势，建立和完善诚信档案，有助于推动科研诚信。张红霞分析了基于科研诚信建设的高校科研档案管理的问题和建设策略。吕中元认为，为高校教师建立科研诚信档案，是高校遏制学术不端行为、规范科研管理的重要举措。

加强在科研前端的介入，可以将科研工作和档案工作有机整合。推进科研档案治理体系建设，加强科研档案的督查检查，建立科学数据和科研档案协同管理机制，尤其是挖掘科技名人档案，有利于进一步弘扬科学家精神和创新活动，支撑创新战略。实施科技创新战略要求在科研档案工作与科研管理工作之间构建更加顺畅的协同机制，各类研究报告、论文、专著、科技报告、专利、科学数据等高质量科研档案内容对科技创新具有重要情报价值，科研档案的原始记载也为科研诚信建设提供凭证，要发挥科研档案的知识储备、依据凭证、情报利用和痕迹管理四大功能，助力国家科技创新。

1.2.3 研究评述

总体而言，近十年关于科研诚信和科研档案管理方面的研究内容非常丰富。科研诚信是世界各国面临的共同难题，我国关于科研诚信的研究，主要集中在科研诚信的概念辨析，科研诚信档案建设、管理规范，科研诚信的实践经验总结和改进措施等方面。

科研档案管理的研究对象方面。近十年，我国关于科研档案管理的研究对象主要集中在高校、医院和农业三个领域，本书集中关注高校的科研档案管理。

科研档案管理的方向和内容方面。本书主要关注档案信息化、科研档案集成管理模式、MVC 模式在高校科研档案管理信息系统中的应用等。在档案信息化方面，本书主要关注高校档案信息化落后于社会档案信息化进程的事实，探讨加快高校档案信息化步伐的对策与措施；科研档案集成管理方面，本书主要关注以集成管理的理念，构建覆盖科研档案形成、收集、整理、归档、保管、利用全过程的"科研项目组、科研管理部门和档案馆"三位一体的科研档案集成管理模式；在 MVC 模式应用方面，本书主要关注基于 Struts 框架开发科研档案管理系统的实现方法；在总体机制方面，本书提出了我国科技档案管理体制机制建设的政策建议；在制度模块方面，本书关注档案信息资源整合、管理标准等方面的现状，分析目前存在的问题和推动改革的目标和原则，促进管理水平提高。另外，本书还研究了高校、企业、欧美国家等的档案工作实践，为进一步做好档案工作提出建议。

近年来，在党中央的大力关注和有关部门的推动下，各相关管理部门、高校和科研单位大力整治科研不端行为，狠抓科研诚信建设，相关研究成果已经引起学者们的关注和研究，但与科研诚信工作受关注的程度明显不匹配。本书认为，在科研档案的管理上，应当利用现行制度，规范科研档案归档工作，加强科研档案管理的机制和手段，做到有据可查、有据可追、责任到人、终身追责，做到对科研工作相关内容的全流程管理，从制度化建设、信息化建设等方面打造共建共享共治的科研档案建设新格局。另外，还应营造诚实守信、追求真理、崇尚创新、鼓励探索、勇攀高峰的良好氛围，服务科研诚信建设需要，为国家实施创新驱动发展战略提供支撑。

1.3　研究思路与研究方法

1.3.1　研究思路

本书以科研档案支撑科研诚信为切入点，梳理我国科研诚信的建设历程，分析科研档案对科研诚信建设的价值，紧扣国家创新战略纵深推进的进程，论证科研诚信建设与科研档案管理工作在服务科研创新上的一致性。本书通过调查研究，了解档案管理人员对于科研档案和科研诚信建设的认知，并以四川省双一流高校为例，深度探析科研档案管理中存在的与科研诚信建设不相匹配的问题，在借鉴国外经验的基础上，提出服务科研诚信建设的科研管理策略。

1.3.2　研究方法

本书遵循理论联系实际的基本原则，综合运用文献调查法、网络调查法、访谈调查法等方法进行研究。

文献调查法指通过搜索知网，查询相关的国内外文献，总结和归纳科研档案管理和科研诚信建设的研究历程和现状。

网络调查法指通过问卷星，依托互联网平台，对有关档案管理和科研诚信问题进行调查，通过具体数据进行量化分析。

访谈调查法指通过对四川双一流高校和科研院所的科研管理和档案管理负责人进行访谈，了解这些单位科研档案管理与科研诚信建设的真实现状以及存在的各类问题，为提出相应的优化策略提供必要的信息支持。

1.4　研究内容与研究特色

1.4.1　研究内容

本书共分为六大部分：

第一部分，绪论。这一部分介绍本书的研究背景、选题意义、研究现状、研究述评、研究思路、研究方法、研究内容、研究特色，通过文献调查与统计，了解国内关于科研诚信建设和科研档案管理研究的基本情况，梳理主要的研究成果，为后续研究提供基础。

第二部分，概念界定、政策演变与支撑价值。这一部分阐述了科研诚信的相关概念，对科研失信行为进行界定，梳理我国科研档案的定义、内涵、外延及演进，回顾我国科研诚信的建设历程，分析科研档案对科研诚信建设的重要价值。

第三部分，基于科研诚信建设的科研档案管理及运行机理。这一部分从新时代、新要求出发，阐述科研档案管理的规范、内容和原则，以及高校科研档案的内涵和归档范围，对国内科研档案管理与科研诚信建设两个维度进行梳理，分析基于科技诚信建设的科研档案管理的运行机理。

第四部分，基于科研诚信建设的科研档案管理现状及分析。这一部分采用网络填写档案工作调查问卷，分析档案管理认知相关问题，通过样本调查进一步梳理国内高校科研诚信建设现状，探析科研档案管理的问题，由此形成对科研诚信建设的制约。

第五部分，国外科研诚信建设的经验借鉴。这一部分研究美、英、德、韩、日等国对于科研不端治理的经验做法，重点介绍国外科研诚信建设机构设置、法律法规，尤其是与科研档案相关的科研文件管理和科研数据方面的举措，在此基础上，总结国外科研档案管理工作对我国的启示。

第六部分，建设全流程可追踪的科研档案管理的策略——以高校为例。这一部分借鉴境外经验，结合我国高校实际，提出建设切实可行的全流程可追踪的科研档案管理建议和改进性举措。

1.4.2 研究特色

本书研究特色主要体现在以下几个方面：

第一，选题视角独具匠心，体现时代性与新颖性。创新是引领发展的第一动力，科研档案为创新提供坚实的支撑，本书将科研诚信建设与科研档案管理相融合，挖掘两者内在结合点，从科研创新"一体两翼"的视角出发，阐述科研诚信建设与科研档案管理对科技创新的重要支撑作用。

第二，研究内容涵盖科研诚信建设与科研档案管理的全程全域。本书将科研诚信建设要求贯穿科研档案管理的各个环节，切实结合科研档案管理重要节点和关键步骤，实现两者的有机融合与协同创新，以支撑科研创新工作。

第三，研究方法的有效性和针对性。科学方法是破解问题和寻求方案的核心所在，对策的有效性、针对性是检验并修正科学方法的关键。本书通过广泛的文献阅读、深入的网络调研等方式，力求精准把握科研诚信与科研档案的定义与发展历程，同时借助问卷调查、访谈座谈、样本调查等方式，深度探寻科研诚信建设视角下的科研档案管理存在的问题，并以四川省双一流高校为样本进行分析，具有较强的有效性和针对性。

第四，对策建议的针对性及借鉴性。紧密结合科研诚信建设的要求，强化管理机制和制度建设，规范科研档案归档工作，确保有迹可寻，有责可追，责任到人，终身追责。在科技档案管理方面，构建信息化时代的科研档案全流程管理的机制和平台，实现共建共享共治的科研档案建设新态势，营造诚实守信、追求真理、崇尚创新、鼓励探索、勇攀高峰的优良科研生态，为建设国家创新驱动发展先行区奠定坚实基础。

2 概念界定、政策演变与支撑价值

2.1 概念界定

2.1.1 档案的定义及特性

档案是档案学术语体系中最基本、最重要的一个概念，《档案工作基本术语》（DA/T 1-2000）将档案定义为"国家机构、社会组织或个人在社会活动中直接形成的有价值的各种形式的历史记录"。对档案定义最权威的是《中华人民共和国档案法》。2020 年 6 月 20 日，经过第三次修订①后的《中华人民共和国档案法》颁布，第一章第二条对档案管理和档案是这样说明的："从事档案收集、整理、保护、利用及其监督管理活动，适用本法。本法所称档案，是指过去和现在的机关、团体、企业事业单位和其他组织以及个人从事经济、政治、文化、社会、生态文明、军事、外事、科技等方面活动直接形成的对国家和社会具有保存价值的各种文字、图表、声像等不同形式的历史记录。"《中华人民共和国档案法》对"档案"的定义遵循了按照"种差+属"下定义的基本逻辑，对于档案来源、档案的形成、档案的范围和价值以及档案的本质属性等内涵和外延进行了清晰的界定。档案是活动中"直接形成"和"对国家和社会具有保存价值"的历史记录。"直接形成"揭示了档案是"原始记录"这一本质属性，因此，档案具有原始性和权威性的特点，这一特点也决定了档案的凭证价值。"对国家和社会具有保存价值"则指明了档案遴选的标准是由档

---

① 1987 年 9 月 5 日，中国第一部档案法《中华人民共和国档案法》颁布，其后在 1996 年和 2016 年先后两次修订，2020 年第三次修订，新版档案法从原来的 6 章 27 条增加到 8 章 53 条，为我国在新时代加强档案管理、推动档案事业高质量发展提供了制度保障和法律遵循。

案本身决定的，是否具有保存价值是能否转化为档案的根本遵循，这是档案管理工作的基本要求。

2.1.2　科技档案的定义及范畴

按照中国档案界以及社会上对档案进行划分的各种标准，可以对档案进行多个层级的体系划分，其中一级分为"文书档案、科技档案、专门档案"①，这是中国档案界以及研究人员应用最普遍的三个档案种类概念。科研档案是科技档案的一种，科技档案的形成源于一五计划时期。在很长一个时期内，科技档案并没有一个明确的概念，科技类的档案资料和图书、技术资料一起被列为推动科技发展的资源，科技档案也被笼统地称为"科技资料"②。1959 年 12 月，国家档案局在大连召开了华北、东北协作区技术档案工作扩大会议，即著名的"大连会议"，讨论制订了《技术档案室工作暂行通则》，要求各单位建立和健全技术文件材料归档制度，对技术档案实行集中统一管理。

1980 年颁布的《科学技术档案工作条例》是我国科技档案工作领域最重要的法律依据，其对科技档案的定义是"在自然科学研究、生产技术、基本建设等活动中形成的应该归档保存的图纸、图表、文字材料、计算材料、照片、影片、录像、录音带等科技文件材料"。《科学技术档案工作条例》对科技档案的来源和科技档案载体类别等作了清晰的界定，科技档案范围极其广泛，种类繁多，科研档案、基建档案、设备档案、产品档案以及农业、医疗、天文、气象、地质等专业档案均属于科技档案的范畴。

2.1.3　科研档案的内涵发展分析

科研档案全称"科学技术研究档案"。1987 年国家科学技术委员会、国家档案局联合发布的《科学技术研究档案管理暂行规定》指明，科学技术研究档案"是指科学技术研究过程中形成的，具有保存价值的文字、图表、数据、声像等各种形式载体的文件材料"。2000 年以来，科研档案也

---

① 丁海斌，颜晗. 汉语言档案名词发展的基本历程与各阶段的主要特点 [J]. 档案学通讯，2021（5）：104-112.

② 1956 年，周恩来代表党中央作了《关于知识分子问题的报告》，提出了"向科学进军"的指令，并指出："为了实现向科学进军的计划，我们必须为发展科学准备一切必要的条件。在这里，具有首要意义的是要使科学家得到必要的图书、档案资料、技术资料和其他工作条件。"报告将档案资料和图书、技术资料一起列为推动科学发展的资源。

经常被称作"科研项目档案""科研课题档案",这些命名方式与科研活动的运行和组织方式有关。

新中国成立后,我国借鉴和采用了苏联的科研管理模式(事业单位拨款制和计划任务制)。20世纪80年代起,伴随着经济体制、财政体制、科技体制的改革,我国逐步建立起科学基金制度,科研管理模式从原来的计划任务制逐步向课题项目制转变。1999年,党中央提出"国家科研计划实行课题制,大力推行项目招投标和中介评估制度"。到2000年,我国初步形成了国家基金为主、地方基金为辅、个人捐助型基金和单位自设基金为重要补充的科学基金结构和基金管理体系①。2002年1月,国务院办公厅转发了科技部、财政部、原国家计委、原国家经贸委制定的《关于国家科研计划实施课题制管理的规定》,指出"课题制是指按照公平竞争、择优支持的原则,确立科学研究课题,并以课题(或项目)为中心、以课题组为基本活动单位,进行课题组织、管理和研究活动的一种科研管理制度"。此举标志着我国"科研计划课题制"管理模式的正式确立。

与科研计划课题制相适应,我国科研档案的收集和管理工作也围绕科研课题和科研项目来进行。随着信息技术的快速发展,尤其是随着近年来我国创新驱动发展战略的实施和科技体制改革步伐的不断加快,《科学技术研究档案管理暂行规定》已不能适应科研档案管理工作的需求。2017年,国家档案局、科技部联合启动修订工作,并于2020年9月完成,国家档案局、科技部以第15号令的方式,公布了修订后的《科学技术研究档案管理规定》,要求自2020年11月1日起施行。《科学技术研究档案管理规定》指出:"科研档案是指科研项目在立项论证、研究实施及过程管理、结题验收及绩效评价、成果管理等过程中形成的,具有保存价值的文字、图表、数据、图像、音频、视频等各种形式和载体的文件材料以及标本、样本等实物。"

首先,《科学技术研究档案管理规定》明确了科研档案是在科研项目全生命周期中"形成"的第一手资料,是科研活动的原始记录,具有档案的原始性和权威性的特征。其次,《科学技术研究档案管理规定》阐述了科研档案从产生源头到贯穿科研项目全生命周期的整个过程,具有保存价值的各类电子文件以及"标本""样本"等实物都被纳入归档范围,保证

---

① 王延中. 科研项目课题制的几个问题 [J]. 学术界,2007(4):47-60.

了科研档案的完整性和系统性。科研档案"成为查考、研究和处理问题的依凭，认定法律、义务与责任的证据"①。2023 年 5 月，国家档案局颁布了《科学技术研究项目档案管理规范》修订版，指明科研档案是"具有凭证、查考等价值并归档保存的科研文件材料"，明确表述了科研档案的"凭证""查考"价值。作为科研活动中形成具有的原始性和权威性、系统性和完整性的历史活动记录，科研档案具有支撑科研诚信建设的"凭证价值""查考价值"，加强科研档案管理，有助于规范科研行为，防范和减少科研不端行为，从而推进科研诚信建设。

2.1.4 科研诚信的概念与科研失信的行为界定

对于科研诚信概念和科研不端行为的界定，是遏制科研不端行为、建设科研诚信体系的基础，也是科研人员自觉履行科研诚信义务的根本保证。科研诚信是科研伦理的一部分，美国科研诚信办公室（ORI）把科研诚信定义为"积极遵守负责任的研究实践必不可少的道德准则和专业标准"，美国学术诚信研究中心（CAI）提出的"即使在逆境中仍然坚持诚实、信任、公正、尊重和责任这五项根本的价值观"② 被广泛认同。欧盟科研伦理与科研诚信协作网络（European network of research ethics and research integrity）将"科研诚信"界定为科研人员根据特定的伦理、法律和专业规范、职责和标准来开展研究的态度（attitude）和习惯（habit）③。2009 年，科技部、教育部等九部门联合颁布的《关于加强我国科研诚信建设的意见》（国科发政〔2009〕529 号）对科研诚信的定义是："科研诚信主要指科技人员在科技活动中弘扬以追求真理、实事求是、崇尚创新、开放协作为核心的科学精神，遵守相关法律法规，恪守科学道德准则，遵循科学共同体公认的行为规范。"科技部科研诚信办公室发布《科研诚信知识读本》对科研诚信的定义是："科研诚信，也可称为科学诚信或学术诚信，指科研工作者要实事求是、不欺骗、不弄虚作假，还要恪守科学价值

---

① 冯惠玲，张辑哲. 档案学概论［M］. 2 版. 北京：中国人民大学出版社，2006：48.
② 中国科学院. 科学与诚信：发人深省的科研不端行为案例［M］. 北京：科学出版社，2013：3.
③ 宋艳双，郑玉荣，吉萍，等. 科研诚信的新挑战：第六届世界科研诚信大会综述［J］. 中国医学伦理学，2019（11）：1502–1507.

准则、科学精神以及科学活动的行为规范。"①

与科研诚信相对立的,是科研不端、科研不当等行为,也称为不端行为、学术不端、学术不当等。20世纪80年代起,科研不端行为逐渐引起美国政府的关注。1989年,美国公共卫生署(public health service, PHS)在颁布的法规中,将科研不端行为定义为"伪造、篡改、剽窃或在研究的申请、执行或报告过程中严重偏离科学界公认的科研行为准则的行为,但不包括无意的错误和在数据判断与解读中出现的正常差异"②。定义的宽泛和开放使得科研不端行为的边界模糊,引起了科学界的广泛争议,但定义中的核心要求:"伪造(fabrication)""篡改(falsification)""剽窃(plagiarism)",简称FFP(fabrication, falsification, plagiarism),却成为相关部门和科研机构在定义科研不端行为时的国际共识。1996年,美国国家科学技术委员会(NSTC)和科技政策办公室(OSTP)开始从国家层面着手建立针对科研不端行为的联邦政策③,在2000年发布《关于科研不端行为的联邦政策》中,科研不端行为(misconduct in science)被定义为:

在申报、开展或评审科研项目或者提交科研成果报告过程中出现的捏造、篡改或剽窃行为。它不包括诚实的错误或者在资料解释和判断上出现的分歧意见。

其中,伪造(fabrication)是指伪造资料或科研结果,并将其记录或写入研究报告。

篡改(falsification)是指对研究材料、设备或研究过程作假,更改或者省略研究数据或研究结果,使研究记录没有如实准确地反映研究工作。

剽窃(plagiarism)是指窃取他人的观点、研究过程、研究结果或文字而未给予注释④。

当前世界主要国家和地区对于伪造、篡改、剽窃(FFP)这三类科研不端行为,大多都进行了严格界定。如瑞典关于学术不端的定义是:"有

---

① 科学技术部科研诚信建设办公室. 科研诚信知识读本 [M]. 北京:科学技术文献出版社,2009:7.

② FRANCIS L M. 科研诚信:负责任的科研行为教程与案例 [M]. 何明鸿,陈越,等译. 北京:高等教育出版社,2011:10.

③ 中国科学院. 科学与诚信:发人深省的科研不端行为案例 [M]. 北京:科学出版社,2013:3-4.

④ 刘军仪,王晓辉. 促进科研诚信:美国科研道德建设的经验 [J]. 外国教育研究,2010(5):35-40.

意捏造数据来修改研究进程的行为；剽窃其他研究者的原稿、申请书、出版物、数据、正文、猜想假说、方法等行为；用以上方法之外的方法修改研究进程的行为。"①

2019 年 10 月，中宣部、科技部、最高人民法院等 20 个部委联合颁布《科研诚信案件调查处理规则（试行）》（国科发监〔2019〕323 号），界定"科研失信"是指"在科学研究及相关活动中发生的违反科学研究行为准则与规范的行为"，包括七项内容：

（一）抄袭、剽窃、侵占他人研究成果或项目申请书；

（二）编造研究过程，伪造、篡改研究数据、图表、结论、检测报告或用户使用报告；

（三）买卖、代写论文或项目申请书，虚构同行评议专家及评议意见；

（四）以故意提供虚假信息等弄虚作假的方式或采取贿赂、利益交换等不正当手段获得科研活动审批，获取科技计划项目（专项、基金等）、科研经费、奖励、荣誉、职务职称等；

（五）违反科研伦理规范；

（六）违反奖励、专利等研究成果署名及论文发表规范；

（七）其他科研失信行为。

在我国国家自然科学基金委员会发布的"查处的不端行为案件处理结果通报"中，出现了抄袭剽窃项目申请书、操纵同行评议问题被杂志社撤稿、未经伦理审批的情况下收集临床样本、重复申请、数据篡改/造假、委托第三方公司代写代投、篡改代表性论著作者排序、盗用他人基金项目号、未经同意使用他人署名等诸多问题，涉事的学者相继受到了取消国家自然科学基金申请资格 3~5 年、撤销已批准项目、追回项目已拨付经费、通报批评等处罚。在《科研诚信案件调查处理规则（试行）》颁布三年后，2022 年 8 月 25 日，科技部、中宣部等 22 个部门出台了《科研失信行为调查处理规则》（国科发监〔2022〕221 号），部分内容如下：

第二条 本规则所称的科研失信行为是指在科学研究及相关活动中发生的违反科学研究行为准则与规范的行为，包括：

（一）抄袭剽窃、侵占他人研究成果或项目申请书；

（二）编造研究过程、伪造研究成果，买卖实验研究数据，伪造、篡

---

① 高荣伟. 瑞典：为科研人员建诚信档案［J］. 中国信用，2017（12）：120-121.

改实验研究数据、图表、结论、检测报告或用户使用报告等；

（三）买卖、代写、代投论文或项目申报验收材料等，虚构同行评议专家及评议意见；

（四）以故意提供虚假信息等弄虚作假的方式或采取请托、贿赂、利益交换等不正当手段获得科研活动审批，获取科技计划（专项、基金等）项目、科研经费、奖励、荣誉、职务职称等；

（五）以弄虚作假方式获得科技伦理审查批准，或伪造、篡改科技伦理审查批准文件等；

（六）无实质学术贡献署名等违反论文、奖励、专利等署名规范的行为；

（七）重复发表，引用与论文内容无关的文献，要求作者非必要地引用特定文献等违反学术出版规范的行为；

（八）其他科研失信行为。

本规则所称抄袭剽窃、伪造、篡改、重复发表等行为按照学术出版规范及相关行业标准认定。

《科研失信行为调查处理规则》相较于试行本，新增了7种科研失信行为，有助于科研人员对科研失信行为的界定和表现形式形成更为清晰的感知和认识，对科研失信的调查处理具有更强的现实指导意义。此外，在科研活动中，还有介于科研诚信与科研不端之间的行为，即科研不当行为。国家自然科学基金委员会前主任杨卫从多年的自然科学基金管理和高校管理的实践经验出发，总结出中国学术不端与学术不当行为的14种表现形式：剽窃、编造、篡改、重复发表、署名不当、利益冲突、关系游说、学术独裁、引用不当、伦理失范等，涵盖了在科研活动中没有履行科研诚信的14种典型现象，是科研诚信治理中必须面对的现实问题。

延伸阅读：

《关于在学术论文署名中常见问题或错误的诚信提醒》[①]

恪守科研道德是从事科技工作的基本准则，是履行党和人民所赋予的科技创新使命的基本要求。中国科学院科研道德委员会办公室根据日常科研不端行为举报中发现的突出问题，总结当前学术论文署名中的常见问题和错误，予以提醒，倡导在科研实践中的诚实守信行为，努力营造良好的

---

① 中国科学院监督与审计局. 关于在学术论文署名中常见问题或错误的诚信提醒 [J]. 图书情报工作, 2019, 63（4）：111.

科研生态。

提醒一：论文署名不完整或者夹带署名。应遵循学术惯例和期刊要求，坚持对参与科研实践过程并做出实质性贡献的学者进行署名，反对进行荣誉性、馈赠性和利益交换性署名。

提醒二：论文署名排序不当。按照学术发表惯例或期刊要求，体现作者对论文贡献程度，由论文作者共同确定署名顺序。反对在同行评议后、论文发表前，任意修改署名顺序。部分学科领域不采取以贡献度确定署名排序的，从其规定。

提醒三：第一作者或通讯作者数量过多。应依据作者的实质性贡献进行署名，避免第一作者或通讯作者数量过多，在同行中产生歧义。

提醒四：冒用作者署名。在学者不知情的情况下，冒用其姓名作为署名作者。论文发表前应让每一位作者知情同意，每一位作者应对论文发表具有知情权，并认可论文的基本学术观点。

提醒五：未利用标注等手段，声明应该公开的相关利益冲突问题。应根据国际惯例和相关标准，提供利益冲突的公开声明。如资金资助来源和研究内容是否存在利益关联等。

提醒六：未充分使用志（致）谢方式表现其他参与科研工作人员的贡献，造成知识产权纠纷和科研道德纠纷。

提醒七：未正确署名所属机构。作者机构的署名应为论文工作主要完成机构的名称，反对因作者所属机构变化，而不恰当地使用变更后的机构名称。

提醒八：作者不使用其所属单位的联系方式作为自己的联系方式。不建议使用公众邮箱等社会通讯方式作为作者的联系方式。

提醒九：未引用重要文献。作者应全面系统了解本科研工作的前人工作基础和直接相关的重要文献，并确信对本领域代表性文献没有遗漏。

提醒十：在论文发表后，如果发现文章的缺陷或相关研究过程中有违背科研规范的行为，作者应主动声明更正或要求撤回稿件。

院属各单位应根据以上提醒，结合本单位学科特点和学术惯例，对科研人员进行必要的教育培训，让每一位科研工作者对学术论文署名保持高度的责任心，珍惜学术荣誉、抵制学术不端行为，将科研诚信贯穿学术生涯始终。

2.2 政策演变

我国对于科研诚信的关注始于 20 世纪 80 年代，我国科研诚信的建设情况大致可以分为四个阶段：第一阶段（1980—2000 年），科研诚信受到关注，科研诚信建设启动；第二阶段（2001—2011 年），科研诚信规范化建设不断推进；第三阶段（2012—2017 年），党中央高度重视科研诚信建设，高校科研诚信建设成为关注重点；第四阶段（2018 年至今），科研诚信建设上升为国家战略，国家对科研档案管理提出更高要求。

2.2.1 科研诚信建设启动与建制化阶段

1980—2000 年是我国科研诚信建设的启动与建制化阶段。1981 年，邹承鲁与另外 3 位中国科学院学部委员①联名致函《科学报》②，提出开展"科研工作中的精神文明"讨论，引起了科技界和学术界的广泛响应。1991 年，邹承鲁联合 13 位中国科学院院士，呼吁早日出台"科学道德规范"。之后，关于学术规范、学术道德的讨论在我国广泛开展，如何进一步规范科研诚信建设逐步提上日程。

20 世纪 90 年代后期，科研诚信从讨论层面进入实际操作层面，科研诚信的组织建设日渐完善，规范制度出台，部门协同初步形成，相关单位明确提出了建设科研诚信档案。1996 年 11 月，中国科学院率先设立科学道德建设委员会；1997 年 8 月，中国工程院成立科学道德建设委员会；1998 年 12 月，国家自然科学基金委员会（NFSC）成立国家自然科学基金委员会监督委员会，负责组织和领导各个系统的科学道德和学风建设等相关工作。

1999 年 11 月 18 日，科技部下发了《关于科技工作者行为准则的若干意见》（国科发政字〔1999〕524 号），由科技部、教育部、中国科学院、中国工程院和中国科协 5 单位共同签发，这是我国发布的第一个关于科研

---

① 1993 年 10 月，中华人民共和国国务院第十一次常务会议决定，将中国科学院学部委员改称中国科学院院士。

② 《科学报》于 1989 年 1 月 1 日更名为《中国科学报》，1999 年 1 月 1 日更名为《科学时报》，2012 年 1 月 1 日复名为《中国科学报》。

诚信的政策性文件。该文件根据全面实施科教兴国战略及加强社会主义精神文明建设总体要求，提出规范科技工作者行为准则的十条意见。

2.2.2 科研诚信建设规范化发展阶段

2001—2011 年为科研诚信建设的规范化发展阶段。2002 年 1 月，国家自然科学基金委员会首次向媒体公布 2001 年学术腐败案件。2022 年 2 月 27 日，教育部发布了《教育部关于加强学术道德建设的若干意见》。2004 年 6 月 22 日，教育部颁发新中国成立以来的第一部《高等学校哲学社会科学研究学术规范（试行）》，对高校哲学社会科学研究的基本规范、学术引文规范、学术成果规范、学术评价规范和学术批评规范都作了明确的规定，对学术诚信建设具有重要的引导作用。

2006 年 5 月，教育部宣布在人文社会科学委员会下设立社会科学学风建设委员会，加强学术道德和学风建设，遏制科研不端行为。

2006 年 11 月 7 日，科技部出台《国家科技计划实施中科研不端行为处理办法（试行）》（科学技术部第 11 号令），将"科研诚信"第一次写入政策文件，此举标志我国首次将科研不端行为纳入法治化管理轨道，此后各个部委纷纷从各自业务范围出发，制定了一系列加强科研诚信建设的政策法规。

2007 年，科技部根据科技部第 11 号令，成立科研诚信建设办公室。该办公室承担着"接受、转送对科研不端行为的举报""协调项目主持机关和项目承担单位的调查处理"等 6 项工作职责，并接受公众对科研不端行为的举报和咨询。科技部联合教育部、中国科学院、中国工程院、国家自然科学基金委员会、中国科学技术协会等部门，建立科研诚信建设联席会议制度。

2009 年 8 月 26 日，由科技部牵头，联合教育部、财政部、中国科学院等 10 部门，召开科研诚信建设联席会议，发布《关于加强我国科研诚信建设的意见》，对科研诚信建设的制度建设、宣传教育、监督惩戒等作出规定，提出建立健全科技信用管理体系，建立和完善科研诚信承诺制度。科研人员的信用情况成为申请项目、授予奖项和职称评定的依据之一。

2010 年发布的《国家中长期教育改革和发展规划纲要（2010—2020 年）》提出"完善以创新和质量为导向的科研评价机制"，要求"克服学术浮躁，查处学术不端行为"。2010 年教育部发布了《高等学校信息公开办法》。

2.2.3 科研诚信建设的标本兼治

2012—2017 年为科研诚信建设的标本兼治阶段。2012 年 7 月，党中央、国务院召开全国科技创新大会，会后国务院专门成立了由 26 个部门和单位组成的国家科技体制改革和创新体系建设领导小组。党的十八大以来，以习近平同志为核心的党中央强化创新驱动的顶层设计，一方面着力解决科技计划管理条块分割、科研项目重复申报等问题；另一方面，高度重视科研诚信建设和科研作风学风建设工作，标本兼治，从工作机制、制度规范、教育引导、监督惩戒等多个层面系统推进。

2012 年 11 月 13 日，教育部加大对学位论文造假行为的处罚力度，出台了首部处理学术不端行为的文件——《学位论文作假行为处理办法》。继 2011 年《关于切实加强和改进高等学校学风建设的实施意见》出台之后，2014 年，教育部又发布了《高等学校信息公开事项清单》，规定学风建设信息（包括学风建设机构、学术规范制度和学术不端行为查处机制）等科研诚信信息是高校必须公开的内容之一①。

2014 年 3 月，国务院颁发《国务院关于改进加强中央财政科研项目和资金管理的若干意见》（国发〔2014〕11 号），明确提出要"建立覆盖指南编制、项目申请、评估评审、立项、执行、验收全过程的科研信用记录制度"，建立责任倒查制度。2014 年 6 月，南开大学举办 29 所"985 工程"高校研究生科研诚信研讨会，首次发布《中国研究生科研诚信公约》。

2016 年 3 月，科技部、国家发展改革委、教育部等 15 个部门联合颁布《国家科技计划（专项、基金等）严重失信行为记录暂行规定》（国科发政〔2016〕97 号），明确界定了严重失信行为的范围、覆盖的相关责任主体，提出"所指严重失信行为记录，是对经有关部门/机构查处认定的，科技计划和项目相关责任主体在项目申报、立项、实施、管理、验收和咨询评审评估等全过程的严重失信行为，按程序进行的客观记录，是科研信用体系建设的重要组成部分"。规定记录对象主要包括有关项目承担人员、咨询评审专家等自然人，以及项目管理专业机构、项目承担单位、中介服

---

① 袁子晗，靳彤，张红伟，等. 我国 42 所大学科研诚信教育状况实证分析 [J] 科学与社会，2019（1）：50-62.

务机构等法人机构。文件对纳入记录的严重失信行为表现、需要记录的信息、处理措施等都进行了明确规定，为科研诚信主管单位开展失信行为记录和信息共享、开展联合惩戒提供了制度依据。

2016 年 6 月 16 日，教育部发布了《高等学校预防与处理学术不端行为办法》，这是国家教育主管部门第一次以部门规章的形式对高校预防与处理学术不端行为做出规范。然而，学术腐败、学风不正、学术浮躁、学术造假等科研不端行为依然频繁出现，严重丑化了学者和科学在公众中的形象。

2.2.4 科研诚信建设的国家战略与科研档案管理的部署

2017 年，党的十九大召开，"创新"再度被置于重要位置，党的十九大报告提出要"加快建设创新型国家"，并指出"创新是引领发展的第一动力，是建设现代化经济体系的战略支撑"，科研诚信建设作为创新的重要支撑被上升到国家层面。中共中央办公厅、国务院办公厅于 2018 年和 2019 年两次印发科研诚信建设文件，顶层设计科研诚信制度，将科研档案融入科研诚信建设全过程。

2018 年 5 月，中共中央办公厅、国务院办公厅印发了《关于进一步加强科研诚信建设的若干意见》，要求全国各地区各部门加强科研诚信建设、营造诚实守信的良好科研环境，并明确要求建立完善科研诚信信息系统，规范科研诚信信息管理，建立健全科研诚信信息采集、记录、评价、应用等管理制度，要求各单位"建立科研过程可追溯制度"，充分体现了党中央、国务院对科研诚信建设进行综合治理的决心。

2019 年 3 月，国务院政府工作报告第一次明确指出"加强科研伦理和学风建设，惩戒学术不端，力戒浮躁之风。"同年 6 月，中共中央办公厅、国务院办公厅印发了《关于进一步弘扬科学家精神加强作风和学风建设的意见》，要求科技工作者坚守诚信底线，反对浮夸浮躁、投机取巧，同时要求深化科研领域政府职能转变和"放管服"改革，建立以信任为前提、以诚信为底线的科研管理机制。

为全面落实党中央、国务院对科研诚信管理的部署要求，更好地为国家科技创新服务，国家自然科学基金委员会、国家卫生健康委、农业农村部等相继出台文件规范科研行为，这些文件对科研记录、科研档案等提出了明确要求。国家卫生健康委、科技部、国家中医药管理局结合相关法律法规修订并印发了《医学科研诚信和相关行为规范》（国卫科教发〔2021〕7 号），其中第二十七条明确规定："要建立健全科研活动记录、科研档案保存等各项制度，明晰责任主体，完善内部监督约束机制；要妥善管理本机构医学科研相关原始数据、生物信息、图片、记录等，以备核查。"农业农村部办公厅发布了《农业农村部办公厅关于印发农业科研诚信建设规范十条的通知》（农办科〔2021〕13 号），其中第四条要求"遵循农业科研长周期性和生态区域性等特点，加强科研档案的整理与保存，主要包括：水土气温、作物病虫害、动物疫情等农业基础性长期性监测，种质资源收集、保存、评价与利用，新技术产品研发、示范与推广应用等科技活动。农业科技人员要做好原始科研记录和科研数据汇交，有关单位做好监督指导和相关工作保障，构建并完善农业科技活动档案的查询与追溯机制"。

虽然国家加大了惩戒学术造假的力度，但学术诚信情况并未好转，为进一步加强和完善国家层面对科研不端行为的治理和规范，2019 年 9 月 25 日，科技部联合中宣部、最高人民法院、最高人民检察院、国家发展改革委、教育部等 20 个国家机构共同发布《科研诚信案件调查处理规则（试行）》，对科研失信行为做出界定，明确科研失信涉及的机构、研究人员和督查机构的职责，要求对科研失信从严惩戒。科技部开发建设出覆盖全国的"科研诚信管理信息系统"，在线开展科研诚信审核，高效地实现联合惩戒，做到"一处失信、处处受限"。

2020 年 2 月，教育部、科技部联合发布《关于规范高等学校 SCI 论文相关指标使用 树立正确评价导向的若干意见》等文件，试图纠正高校的学风浮躁、急功近利等问题。

2020 年 10 月 9 日，国家档案局、科技部发布第 15 号令，公布《中华人民共和国科学技术研究档案管理规定》，自 2020 年 11 月 1 日起施行。

2021 年 12 月，新修订的《中华人民共和国科学技术进步法》把科研诚信建设上升到国家法律层面，"科研诚信"一共出现了 10 次，从科研失信预防、惩戒以及科研诚信管理等方面提出了新的要求，从基本制度和法律责任方面奠定了我国科研诚信治理法律基础。《中华人民共和国科学技术进步法》确立了科研诚信记录制度，第六十九条提出，将"科研诚信记录作为对科学技术人员聘任专业技术职务或者职称、审批科学技术人员申请科学技术研究开发项目、授予科学技术奖励等的重要依据"；第一百零四条提出，要"建立科学技术项目诚信档案及科研诚信管理信息系统"等；第一百零七条提出，"对严重违反科学技术活动管理规范的组织和个人，由科学技术行政等有关部门记入科研诚信严重失信行为数据库"；第一百一十二条提出对科研失信者的惩戒，"禁止一定期限内承担或者参与财政性资金支持的科学技术活动、申请相关科学技术活动行政许可"，而且对相关管理者依法给予行政处罚和处分。

2022 年 8 月，科技部、中宣部、最高人民法院、最高人民检察院等 22 个部门联合印发《科研失信行为调查处理规则》，与《中华人民共和国科学技术进步法》等法律制度对接，为端正诚信学术风气、营造良好科研环境提供了更加细化的制度遵循。

科研诚信建设中的重要文件出台时间和出台单位一览表见表 2-1。

表 2-1　科研诚信建设中的重要文件出台时间和出台单位一览表

发布时间	出台文件	出台单位
1999-11-18	《关于科技工作者行为准则的若干意见》	科技部、教育部、中国科学院、中国工程院、中国科协
2002-2-27	《教育部关于加强学术道德建设的若干意见》	教育部
2004-6-22	《高等学校哲学社会科学研究学术规范（试行）》	教育部
2006-11-7	《国家科技计划实施中科研不端行为处理办法（试行）》	科技部
2009-8-26	《关于加强我国科研诚信建设的意见》	科技部等 10 部门①
2011-12-2	《切实加强和改进高等学校学风建设的实施意见》	教育部
2012-11-13	《学位论文作假行为处理办法》	教育部
2014-6-6	《中国研究生科研诚信公约》	29 所"985 工程"高校
2016-6-16	《高等学校预防与处理学术不端行为办法》	教育部
2018-5-30	《关于进一步加强科研诚信建设的若干意见》	中共中央办公厅、国务院办公厅

---

① 科技部牵头，包括教育部、财政部、人力资源社会保障部、原卫生部、中国人民解放军原总装备部、中国科学院、中国工程院、自然科学基金委和中国科协共 10 个部门和单位。

表2-1（续）

发布时间	出台文件	出台单位
2019-6-11	《关于进一步弘扬科学家精神加强作风和学风建设的意见》	中共中央办公厅、国务院办公厅
2019-7-3	《哲学社会科学科研诚信建设实施办法》	中宣部、教育部、科技部等7部门
2019-9-25	《科研诚信案件调查处理规则（试行）》	科技部、中宣部等20个国家机构①
2020-2-18	《关于规范高等学校SCI论文相关指标使用树立正确评价导向的若干意见》	教育部、科技部
2020-10-9	《科学技术研究档案管理规定》	国家档案局、科技部
2020-11-1	《国家自然科学基金项目科研不端行为调查处理办法》	国家自然科学基金委
2021-1-27	《医学科研诚信和相关行为规范》	国家卫生健康委
2021-6-16	《农业农村部办公厅关于印发农业科研诚信建设规范十条的通知》	农业农村部
2021-12-25	《中华人民共和国科学技术进步法》	第十三届全国人民代表大会常务委员会第三十二次会议第二次修订
2022-8-25	《科研失信行为调查处理规则》	科技部、中宣部等22个部门

2.3　支撑价值

《关于进一步加强科研诚信建设的若干意见》第十三条明确提出，"从事科学研究的企业、事业单位、社会组织等应建立健全本单位教育预防、科研活动记录、科研档案保存等各项制度，明晰责任主体，完善内部监督约束机制"。科研档案具有监督、警示、查考、凭证等作用，科研档案主

---

① 科技部、中宣部、最高人民法院、最高人民检察院、国家发展改革委、教育部、工业和信息化部、公安部、财政部、人力资源社会保障部、农业农村部、卫生健康委、市场监管总局、中科院、社科院、工程院、自然科学基金委、中国科协、军委装备发展部、军委科技委共20家国家机构。

要产生在科研项目的申报审批、计划执行、鉴定结项、成果推广等环节，科研档案中的实验记录、研究总结报告、实验分析测试报告、项目总结材料等技术类文件，科技活动中的项目申报书、项目鉴定书、项目预算决算书、财务报表等管理文书材料，都是科研诚信的客观记录和审核内容。科研档案反映了科学研究活动的全部过程和最终成果，是重要的信息资源和知识资产，也是相关机构评价科研工作者是否遵循科研诚信、实现科研诚信追责的重要依据。

2.3.1 科研档案是科研主体科研诚信的客观反映

原始记录性是档案的根本属性，科研过程中的科研实验记录非常关键，在面对质疑时，科研档案中的原始数据记录本和相关报告，真实地反映了科研人员的科学研究过程，试验的原始记录是形成科研论文和结论的重要依据，也是同行重复试验，检验其结论和科研工作者是否遵循了科研诚信的客观证据。利用科研原始数据进行重复试验，客观上对科研人员的科研行为形成了核查。在科学求真的过程中总是充满了各种曲折，在科研过程中研究者的初衷是不是造假，只能依据事实来判断，因此，核对实验的原始数据就成为科研诚信事件调查中非常重要的一个环节，有时候一个详细的记录本或许就是一个关键的证据。档案馆对科研文件材料的保管时间分为 30 年和永久，当科研诚信事件发生时，科研人员可以第一时间找档案人员查找科研档案还原科研过程。落实《关于进一步加强科研诚信建设的若干意见》要求，做好实验记录资料、归档资料、文献卡片、声像资料等归档工作，对科研不端行为具有震慑作用，对营造诚实守信的科研环境建设也具有一定的推动作用。

延伸阅读：《关于科研活动原始记录中常见问题或错误的诚信提醒》①

中国科学院科研道德委员会　　2020 年 5 月 12 日

恪守科研道德是从事科技工作的基本准则，是履行党和人民所赋予的科技创新使命的基本要求。中国科学院科研道德委员会办公室根据日常科研不端行为举报中发现的突出问题，总结当前科研活动中原始记录环节的常见问题或错误，予我院科研机构和科技人员以提醒，倡导在科研实践中

---

① 中国科学院科研道德委员会. 关于科研活动原始记录中常见问题或错误的诚信提醒 [J]. 科学新闻，2022（4）：15.

的诚实守信行为，努力营造良好的科研生态。

提醒一：研究机构未提供统一编号的原始记录介质。应建立完整的科研活动原始记录的生成和管理制度，建立相应的审核监督机制；应配发统一、连续编号的原始记录介质，并逐一收回，确保原始记录的完整性。

提醒二：未按相关要求和规范进行全要素记录。包括但不限于以下要素，均应详细记录：实验时间及相关环境、物料或样品及其来源、仪器设备详细信息、实验方法、操作步骤、实验过程、观察到的现象、测定的数据等，确保有足够的要素记录追溯和重现实验过程。

提醒三：将人为处理后的记录作为原始记录保存。原始记录应为实验产生的第一手资料，而非人为计算和处理的数据，确保原始记录忠实反映科学实验的即时状态。

提醒四：以实验完成后补记的方式生成"原始"记录。应在数据产生的第一时间进行记录，确保原始记录不因记录延迟而导致丢失细节、形成误差。

提醒五：人为取舍实验数据生成"原始"记录。应对实验产生的所有数据进行记录。通过完整记录科学实验的成功与失败、正常与异常，确保原始记录反映科学实验的探索过程。

提醒六：随意更正原始记录。更正原始记录应提出明晰具体、可接受的理由，且只能由原始记录者更正，更正后标注并签字。文字等更正只能用单线划去，不得遮盖更正内容，确保原始记录不因更正而失去其原始性。

提醒七：使用荧光笔、热敏纸等不易长时间保存的工具和介质进行原始记录。应使用黑色钢笔或签字笔等工具和便于长期保存的介质，确保原始记录的保存期限符合科学研究的需要。

提醒八：未备份重要科研项目产生的原始数据。应实时或定期备份原始数据，遵守数据备份的相关规定，确保重要的科学数据的安全。

提醒九：人事变动时未进行原始记录交接。研究人员调离工作或学生毕业等，应将实验记录资料、归档资料、文献卡片等全部妥善移交，确保原始记录不丢失或不当转移。

提醒十：使用未按规定及时标定的实验设备生成原始记录。应按照相关要求及时核查、标定仪器设备的精度和相关参数，确保生成的数据准确可靠。

2.3.2 科研档案是科研活动全流程诚信审核的基本依托

《关于进一步加强科研诚信建设的若干意见》指出，加强科研活动全流程诚信管理。科研档案是科研活动的真实记录，科研档案覆盖了科研项目全生命周期，贯穿科研项目的准备、立项、实施、验收、推广全过程，不但是科研主体是否遵循科研诚信的客观反映，也是反映科学研究过程诚信、项目资金使用诚信、研究成果诚信等方面情况的最重要依据。在科研活动中，项目指南、评审立项、项目实施、结题验收、绩效评价和咨询评估等环节都可能出现科研不端行为，任何一个环节出现疏漏，都有可能导致科研失信。清华大学曹南燕教授把大学科研中的不端行为归纳为五个方面："一是伪造、篡改和剽窃；二是利益冲突；三是侵犯他人知识产权；四是浪费科研资源；五是分配科研资源不合理。"[①] 每一种科研不端行为、每一宗学术不端事件都会使科研人员所在的院校声誉受损，尤其是科研不端行为使得科研人员获利后，如果未能受到惩戒，势必影响科研不端者之后的科研工作方式，甚至会形成效仿科研不端行为的"蝴蝶效应"，最终影响整个科学研究的风气。科研档案涵盖了项目申报、立项评审、过程管理、结题验收、监督检查、绩效评价等环节，也涵盖了科研资金的使用和管理、成果的转化约定等环节，为科研诚信建设要求落实到项目管理全过程提供了现实的依托，同时也是对科研成果质量、效益、影响进行评估的重要依据。管理部门对科研人员的诚信履责情况进行客观记录、公正评价、严格审核，并记录在案，随着档案信息化建设，构建"一处失信，处处受限"的科研信用监督、警示和惩戒共享机制，形成强有力的外部监督。

2.3.3 科研究档案是实现科研诚信追责到人的重要依据

《关于进一步加强科研诚信建设的若干意见》指出，要严厉打击严重违背科研诚信要求的行为，实行终身追究制度。科研诚信监管需要建立科研过程可追溯制度、科研成果检查和报告制度等成果管理制度。科研档案汇聚了全部的科研成果及相关的重要资料。科研档案是科研活动权威性的历史凭证，是科研诚信责任到人、追溯监督的重要证据，是落实《关于进

---

① 曹南燕. 大学科研中的不端行为 [J]. 清华大学学报（哲学社会科学版），2004（2）：5-9.

一步加强科研诚信建设的若干意见》提出的"坚持底线、终身追责"的科研诚信建设原则的重要支撑，也是落实科研过程可追溯制度的必要手段。因此档案馆的角色逐渐开始转变，从作为一个希望与文件形成机关合作的"恳求"机构转变为一个监督形成者和维护在其管理下的档案文件活动的审计机构。

2.3.4　科研档案是弘扬科学家精神，加强科研诚信建设宣传的资源库

加强科研诚信建设，既要对严重违背科研诚信要求的行为采取"零容忍"的高压态势，依法依规终身追责，更需要树立鲜明导向，以正面引导，借鉴案例正向激励科研工作者加强科学道德修养，将他律转化为自律。科研档案是弘扬科研精神，加强科研诚信教育的重要资源库，科研档案反映了严谨求实的科研态度，对于科技产品推陈出新有着重要的借鉴功能，对于科技人员的思维创新有着重要的激励功能。

科研工作是一项长期而艰苦的工作，充满着各种困难，科研档案中记录的多次科研实验、反复修改过程，充分反映了科学研究活动求真求实的精神，能够激励科研工作者不畏艰险、不断探索。如中国首位诺贝尔生理学或医学奖获得者、药学家屠呦呦，历经191次试验才发现了青蒿素，漫长的寻药试错和屡败屡战，充分体现了我国科研工作者创造性的科学思维和试验方法，对后人从事科研工作有着强大的激励。著名地球物理学家黄大年团队在"巡天探地潜海"领域创造了多项"中国第一"，他所负责的科研项目"深部探测关键仪器装备研制与实验"已达到国际一流水平，局部处于国际领先地位。吉林大学建设的黄大年纪念室，用珍贵的档案充分诠释了"心有大我、至诚报国"的黄大年精神。中国科学院档案馆非常重视科研档案的服务利用，中国科学院2019年编著的《中国著名科学家手稿珍藏档案选》，2021年举办的"科学丰碑　档案基石——中国科学院著名科学家档案展"，分别用70位著名科学家的科研手稿和300余件珍贵档案，深刻诠释了爱国、创新、求实、奉献、协同、育人的科学家精神。这些科研档案的鲜活利用，对于加强科研作风和学风建设，具有生动的楷模示范作用和深刻的启迪教育意义。

3 基于科研诚信建设的科研档案管理及运行机理

3.1 科研档案管理的概念、内容、历史脉络

科研档案是维护科研诚信的重要手段，科研档案的管理工作也是科研诚信制度化建设的重要环节。科研档案管理是指"对科研档案通过计划、组织、协调、控制，充分发挥人力、物力、财力的作用，进行科研档案的统一管理、优化管理目标的业务活动"①。

3.1.1 科研档案管理的概念和内容

根据《中华人民共和国档案法》，档案管理涵盖了档案从收集、整理、保护、利用到监督的全过程。一般说来，档案管理工作的业务流程包括收集、鉴定、整理、保管、检索、编研、利用、统计8个环节。作为档案工作的一部分，科研档案工作也要遵从档案管理的相关要求。本书重点针对服务科研诚信建设的科研档案管理工作进行研究，聚焦科研档案的收集、整理、鉴定、保管、利用、处置等环节。

（1）前期管理。前期管理包括科研文件材料的形成与收集，科研文件材料的鉴定、整理，科研文件材料的归档。科研文件材料是记录和反映科学技术活动从立项论证到成果管理全过程的文字、图表、声像等技术文件的总称。保存科研文件材料的目的是更好地指导现行科研工作，科研文件

---

① 雷洁，李思经，赵瑞雪．基于知识图谱的科研档案管理研究［M］．北京：中国农业科学技术出版社，2021：12．

材料也是记录和传递科学精神的一种工具。科研档案是指围绕科研项目形成的具有凭证、查考和保存价值并归档保存的科研文件材料。科研文件材料是科研档案的前身形态，科研档案是科研文件材料的转化形态，两者一脉相承。根据文件生命周期理论，从科研文件到科研档案是一个连续统一、前后衔接的过程，科研文件的质量直接决定着科研档案管理的成败，因此必须加强科研档案的前端控制。

科研文件材料的鉴定和整理。科研文件材料的鉴定主要指对材料的完整性和准确性的鉴定。科研文件材料的完整性鉴定，主要是指按照项目收集齐全、完整成套，不能缺项，要能完整反映该项科研活动的内容和实际面貌。科研文件材料的准确性鉴定，主要是指科研档案应同反映的科技、生产活动的对象一致，科研文件材料之间内容一致。

科研文件材料组卷。科研文件材料组卷遵循科研文件材料的形成规律，保持卷宗内科技文件材料有机联系。组卷要研究科研文件材料的形成规律，从某一角度针对性地体现文件之间最本质、最紧密的联系。具体到科研项目的组卷，一是包含不同课题的科研项目，课题相对独立的，按照课题组卷；二是一个科研课题的文件材料可组成一卷，也可以根据科研阶段组成多个案卷；三是多子项目的文件材料可单独组卷。在组卷过程中，要保持科研文件材料的系统性和完整性，不可拆分，卷内文件按照问题、来源、时间进行排列。

科研文件材料归档。科研文件材料归档是科研文件材料管理的最后一个环节，又是档案工作的起点。科研文件材料应完整、真实、准确，归档的纸质材料应为原件，图样清晰，签章完备，科研电子文件材料和相应的纸质文件应保持一致。科研文件材料的档号编制，应遵循唯一性、合理性、稳定性、扩充性、简单性原则，档号格式为"全宗号—分类号—案卷号—卷内序号"。

（2）科研档案实体管理。科研档案实体管理包括科研档案的收集、整理、保管和鉴定工作。按照归档要求，接受科研部门移交科研文件材料之后，科研文件从现行性转化为历史性，由单位属性转化为社会财富。

科研档案收集是一个承前启后的环节，完整、准确、系统是科研档案质量的关键。不完整、不准确的科研档案，其价值不仅会大大减低，有时甚至会起到反作用。科研档案的收集是确保档案齐全、完整的源头。

收集科研档案的关键阶段是课题鉴定验收阶段，这时的科研文件基本上齐全、定型，成果鉴定完成后是科研档案收集的最佳窗口。

科研档案整理。科研档案整理是对收集上来的科研文件材料分类"组件""组卷"，进行系统的整理、编号编目、装订装盒，并上架排列或存入预归档数据库。整理科研档案要遵循自然性、成套性和动态性规律。科研档案间的有机联系是自然的，包括客观对象的联系、工作程序的联系、事物性质的联系、时空的联系、来源的联系等，科研档案管理要遵循这些联系，实现科研档案条理化，从而便于科研档案保管、保密和开放使用。

科研档案保管。科研档案保管主要解决科研档案寿命的有限性与其作用长久性的矛盾，实现科研档案长久利用。科研档案保管包括库位管理、库房防护，保管工作是收集工作的延续，集中统一原则最终体现在对档案实体的集中保管上。根据《科学技术研究档案管理规定》，科研档案保管期限分为永久和定期，定期一般分为 30 年、10 年。保管期限的确定基于档案价值的鉴定，档案鉴定是决定档案是否留存的基本手段，也是提高档案科学管理的举措。

科研档案鉴定。科研档案鉴定是指根据一定的原则和标准，科学判定科研档案的历史和现实价值，确定保管期限，通过价值和质量核查，对失去保存价值，或内容失真和不完整的科研档案，按照规定手续进行处理。科研档案鉴定分为两个阶段：一是归档阶段鉴定，二是管理阶段鉴定。

科研档案的利用。科研档案的利用是科研档案与经济建设的纽带，也是实现档案工作目标的直接管理。科研档案提供利用的主要途径：一是直接利用，档案馆设置查询使用档案与资料的场所，提供阅览服务，用户按照阅览要求与手续进行借阅；二是网上咨询，运用新的信息技术，如：电子邮件、短信、微博、微信、网络视频等方式，进行查档，实现需求；三是档案工作者通过科研档案内容的研究，将科研档案信息加工编研，提供更为主动的定向服务。

3.1.2 我国科研档案管理的历史脉络

档案工作的标准和标准化，是档案管理的重要手段，也是实现档案管理现代化的前提和基础。20 世纪五六十年代，我国开展科技档案工作，到 80 年代迅速发展，再到《科学技术研究档案管理规定》的颁布，我国科技档案的规范化管理经历了一个漫长的历程，有影响的科研档案管理规范文件见表 3-1。

表 3-1　有影响的科研档案管理规范文件

年份	文件名称	发布单位
1987 年	《科学技术研究档案管理暂行规定》	国家科委、国家档案局
1988 年	《开发利用科学技术档案信息资源暂行办法》	财政部、国家档案局
1989 年	《科学技术档案案卷构成的一般要求》	国家质量技术监督局
1992 年	《科学技术研究课题档案管理规范》	国家档案局
1994 年	《开发利用科技档案所创经济效益计算方法的规定（试行）》	国家档案局
2000 年	《科学技术档案案卷构成的一般要求》	国家质量技术监督局
2002 年	《电子文件归档与管理规范》	国家档案局
2005 年	《中国科学院档案管理工作标准》	中国科学院
2008 年	《科学技术档案案卷构成的一般要求》	国家质量技术监督局
2020 年	《科学技术研究档案管理规定》	国家档案局、科技部
2023 年	《科学技术研究项目档案管理规范》	国家档案局

1987 年，国家科委、国家档案局发布《科学技术研究档案管理暂行规定》，对科研档案管理发挥了重要的指导作用。《电子文件归档与管理规范》（GB/T 18894—2002）与《电子文件归档与电子档案管理规范》（GB/T18894—2016），则确定了电子档案资源集中由档案部门管理。

近年来，随着我国创新驱动发展战略的实施和科技体制改革步伐的不断加快，《科学技术研究档案管理暂行规定》已不能适应数字时代对科研档案管理的要求。2017 年，国家档案局会同科技部联合启动了《科学技术档案管理暂行规定》实施 30 年以来的首次修订工作。2020 年 9 月 11 日，国家档案局、科技部公布了修订后的《科学技术研究档案管理规定》，全文 28 条，进一步丰富了归档范围，明确了管理责任，解决了前期科研档案工作中碰到的诸多问题。《科学技术研究档案管理规定》自 2020 年 11 月 1 日起施行，原有的《科学技术研究档案管理暂行规定》同时废止。这是国家档案局在建设创新型国家的时代背景下，推动科研档案管理的一项重大举措。

随着《科学技术研究档案管理规定》的施行，对科研课题管理规范的修订也提上了日程。1992 年，国家档案局颁布的《科学技术研究课题档案管理规范》（DA/T2-1992），2000 年，国家技术监督局颁布的《科学技术档案案卷构成的一般要求》（GB/T 11822-2000），对有效引导我国科研课题档案的规范化管理，维护科研课题档案的完整、准确、系统和安全，都曾经起到重要作用。但随着《科学技术研究档案管理规定》的颁布，原有的规范内容亟须修改完善。

2023 年 5 月《科学技术研究项目档案管理规范》正式公布，并于2023 年 12 月 1 日执行。《科学技术研究项目档案管理规范》对科研项目、科研电子文件、科研电子档案、科研课题、科研文件材料、科研档案、科研项目管理系统、科研电子档案信息管理系统都做了清晰的定义，明确了科研档案的管理原则、管理职责，并更改了科研文件材料的形成、整理和归纳，以及科研档案的保管、利用、鉴定、处置的要求。其中，关于科研项目文件材料归档范围，《科学技术研究项目档案管理规范》按照基础研究、应用研究、开发研究分为三个类别，用表格列举出应归档的所有科研文件材料。为了适应信息化时代对科研电子文件材料的新要求，《科学技术研究项目档案管理规范》专门增加章节，撰写了科研电子文件归档和科研电子档案管理的内容，以及科研档案利用与共享的具体要求、方式和方法。

到目前为止，基于科研档案的独特性和重要性，国家出台了多个政策法规，形成了以《科学技术档案工作条例》《科学技术研究档案管理规定》为核心的科研档案管理政策指导体系，以《科学技术档案案卷构成的一般要求》《科学技术研究项目档案管理规范》为核心的科研档案管理实践指导体系。

3.2　科研档案管理的原则

根据《科学技术研究档案管理规定》，在科研档案管理工作中，必须遵循有效保护和利用原则、集中统一管理原则、分类分级管理原则、"三纳入"原则、"四同步"原则、全过程管理原则等重要原则。根据 2023 年发布的《科学技术研究项目档案管理规范》，管理原则和要求共有四条，主要包含集中统一管理原则、"三纳入"原则、"四同步"原则、全过程管理原则。《科学技术研究项目档案管理规范》还对科研电子文件的归档提出了专门要求。科研档案管理原则见图 3-1。

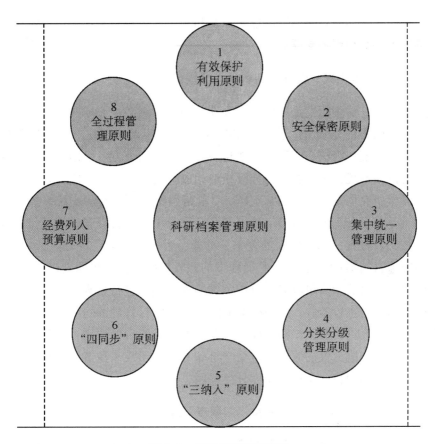

图 3-1 科研档案管理原则

3.2.1 有效保护和利用原则

有效保护和利用原则是档案工作必须遵循的重要原则。《中华人民共和国档案法》第一条提出,"为了加强档案管理,规范档案收集、整理工作,有效保护和利用档案,提高档案信息化建设水平,推进国家治理体系和治理能力现代化,为中国特色社会主义事业服务,制定本法"。《科学技术档案管理规定》第一条明确指出加强科研档案管理,要有效保护和利用科研档案;第二十二条提出要求,各单位要建立健全科研档案的开放利用机制,促进科研档案信息共享,加强科研档案资源深度开发,在开发利用中要严格按照相关制度执行,尤其要注意两点:第一,要符合知识产权保护要求;第二,涉密档案要遵守国家有关保密规定。这是科研档案服务国家科技创新和科研诚信建设的重要遵循,服务国家的"创新驱动发展"战略，就要主动加强科研档案信息的开发和利用，为科技强国建设提供高质量的内容供给和精神支撑。

3.2.2 集中统一管理原则和分类分级管理原则

集中统一管理原则是科研档案管理的基本原则和核心原则之一，也是保证科研档案的系统性、完整性和安全性的根本要求。在文件归档制度中，以集中统一为核心，我国建立起一套从中央到地方各级档案部门分级管理的网络系统，统一管理与分级相辅相成。具体到某一高校，如《南京大学科学研究档案管理办法》要求，"科研档案必须实行集中统一管理及校院（系）分级管理的原则，由各单位科研秘书具体负责管理本单位形成的科技文件材料，确保材料的完整、准确、系统和安全"。根据《科学技术研究项目档案管理规范》，科研档案的验收按照分类分级原则进行组织，先由科研项目的牵头单位对本单位负责的项目档案进行自查，并对参与单位的科研档案进行验收；再由档案部门和科研项目管理部门对列入科研计划的科研档案进行验收。科研项目文件遵循分类管理的原则，分类时按照档案系统性、成套性的原则，遵循学科和专业的形成来源进行管理。科研文件材料按照项目、学科、年度分类整理。

3.2.3 "三纳入"原则和"四同步"原则

"三纳入""四同步"是科研档案管理的基本原则和核心原则之一，《科学技术研究档案管理规定》第四条指出："各单位应当把科研档案工作要求纳入科研管理制度与工作流程，与科研项目工作同部署、同实施、同检查、同验收，将科研档案管理列入有关部门和人员的职责并予以考核。""三纳入"指科研档案工作纳入科研管理制度、纳入科研管理流程、纳入科研职责和考核之中；"四同步"指科研档案工作要与科研项目工作同部署、同实施、同检查、同验收。

关于"四同步"的具体要求，蔡盈芳撰文指出：

同部署是指下发科研课题计划的同时下达科研文件材料归档计划，向科研人员提出科研文件材料归档要求；同实施就是在科研活动过程中要做好科研文件材料的积累，为科研文件材料归档做好准备，周期长的科研项目应按阶段及时将科研文件材料归档，而不应到全部项目结束后才着手归档；同检查是指在对科研项目进行检查时同时对科研文件材料形成、积累等工作进行检查；同验收是指科研档案鉴定或验收时，同步开展档案验收①。

"三纳入""四同步"原则，是科研档案融入项目管理过程的指导性原则，是对科研项目文件材料完整、准确、系统地归档的管理要求，根据该原则，档案管理部门要全程介入科研项目管理，档案部门与科研项目管理部门必须加强协同，共同履行监督和指导的管理职责。

3.2.4　全过程管理原则

科研档案的归档范围包含了科研数据，《科学技术研究档案管理规定》要求各类科研活动中产生的科学数据应归尽归，科学数据大多以科研电子文件的形式产生。《科学技术研究项目档案管理规范》指出，单位应将科研电子文件归档和科研电子档案管理工作纳入本单位信息化和档案信息化建设规划，实施全过程管理，确保科研电子档案的真实性、完整性、可用性和安全性。科研电子文件是指在开展科研活动或者科研项目管理过程中，通过计算机等电子设备形成、办理、传输和存储的数字格式的各种信息记录。科研电子档案是指具有凭证、查考和保存价值并归档保存的科研电子文件及其相关信息的集合。

全过程管理是指根据科研电子文件的特点和管理要求，建立一个完整的电子文件管理系统，对科研电子文件的形成、收集、归档以及科研电子档案的保管、利用、鉴定、处置进行全过程管理与监控，以确保电子档案的真实性、完整性、可用性和安全性。

电子文件管理系统是科研项目管理系统的一部分，电子文件从形成到归档，通过计算机网络系统连接，涉及多个部门、多个学科，应在本单位信息化和档案信息化建设规划时做顶层设计，需要信息技术部门、保密部门与档案管理部门及科研项目管理部门的协同参与。

---

① 蔡盈芳. 准确理解和把握科研档案工作的原则［J］. 中国档案，2021（3）：62-63.

3.3 基于科研诚信建设的科研档案管理运行机理

《科学技术研究档案管理规定》指出，"科研档案工作是科研管理的重要组成部分和科研活动的重要环节"，通过有效的科研档案管理支持科研诚信建设的关键是实现两者有机协同。为此，本书借鉴协同论，结合档案管理的文件生命周期理论、文件连续体理论、全过程管理理论等，分析协同的主体、客体、内容、过程、政策等，以实现科研诚信建设与科研档案管理的有机融合。

协同论是德国学者赫尔曼·哈肯（Hermann Haken）提出的，他在吸收系统论、信息论和突变论的基础上，提出开放系统可以通过内部的作用自发实现有序结构。协同论主要包括"一个效应""两个原理"。一个效应即协同效应，复杂开发系统中大量子系统在协同作用的影响下最终实现最大化的整体效应；两大原理即伺服理论和自组织理论。一个效应描述了自组织过程，即慢变量支配系统发展进程；两个原理是指在内外因素相互作用下，系统遵循自组织原理，产生演化，走向更高级的有序状态。科研诚信建设与科研档案管理协同就是档案管理部门根据社会实践需要，利用专业方式和专业手段，通过与档案用户、社会机构等多种主体合作、协调，同步对科研档案信息资源进行发掘、利用，以服务科研诚信建设与科技创新的过程。

3.3.1 科研诚信建设与科研档案管理实施主体协同

根据实施类型，从微观、中观和宏观进行划分，可以将协同分为实施主体之间的协同、所依托的组织之间的协同和政府部门之间的协同。实施主体要依托组织联动，组织运行则靠政府来规范，因此这三个层次间也是相互协同的，实施主体与依托组织、依托组织与政府部门、实施主体与政府部门之间都存在协同关系。2020年，《科技部、自然科学基金委关于进一步压实国家科技计划（专项、基金等）任务承担单位科研作风学风和科研诚信主体责任的通知》要求，从事科研活动的各类科研院所、高校、企业、社会组织等是科研作风学风和科研诚信建设第一责任主体，在承担国家科技计划（专项、基金等）任务时要将科研作风学风和科研诚信建设工作摆上重要日程，进一步加强制度建设，开展常态化管理，强化责任传导，确保科研作风学风和科研诚信建设各项要求落实到位。从事科研活动的各类科研院所、高校、企业、社会组织等是科研作风学风和科研诚信建设第一责任主体，也是科研活动的组织管理机构。

3.3.1.1　实施协同：自然人微观层面的协同

科研档案管理涉及各类主体，从直接主体或自然人角度来看，包括科研项目负责人、科研档案使用者（用户）、科研档案工作人员，各主体之间无隶属关系，是平等的合作关系，在工作上则存在职责衔接和嵌套。科研项目负责人带领的科研团队在科研实践活动中的科研记录、科研实施、科研成果等，形成了科研档案的文件材料。科研档案管理人员负责科研文件的收集、整理、存档到档案的编研、开放利用。科研档案的使用者，包含范围更加广泛多元，第一，就知识积累、科学研究延续、科技创新来说，科研工作人员是科研档案的使用者，也是新的科研档案的形成者，科研档案在这样的生命周期运动中持续推动科研创新；第二，科研档案中积淀的科学信息和科学精神，面向科研人员也面向广大民众；第三，就科研不端查处而言，科研诚信建设的管理者要对科研不端行为的科研活动档案进行核查。

3.3.1.2　组织协同：科研组织中观层面的协同

科研组织中观层即组织层，包括科研项目管理部门即科研管理机构。科研档案的管理机构包括档案馆和科研诚信建设组织，它们往往由科研管理部门牵头多个相关部门组成。组织协同指组织者引导自然人按照规定开展相关工作，各主体分工合作，各司其职，在协同范围内作出一致性反应，形成协同效应。科研档案管理由集体和个人共同参与。一份科研档案需要科研负责人和他所带领的科研团队，以及科研负责人所在科研部门组织协调，科研项目发包单位要求和验收，档案管理部门收集归档，进而按照要求进行开放利用。随着大科学时代的到来，科研工作往往需要跨部门、跨学科、跨区域来完成，需要科研组织部门协调开展，在科研档案方面，需要组织各分担单位及时按照要求向牵头部门提交，由牵头部门汇总，按照要求整理后交至档案部门。

3.3.1.3　管理协同：管理主体层面的协同

科研诚信建设的管理协同主要指政府部门宏观层协同。科研诚信建设需要国家机构参与，形成协调小组，由中共中央办公厅、国务院办公厅印发文件，统筹设计科研诚信管理工作机制，中宣部、科技部、教育部、国家自然科学基金委、中国社会科学院等部门介入，形成从上至下强有力的组织机构，从而强化对科研诚信建设的组织力量。例如，《科研失信行为调查处理规则》（国科发监〔2022〕221号）细化了调查处理职责分工，明确了对科研失信行为的职责分工处理；科技部和中国社科院分别负责统筹自然科学和哲学社会科学领域的科研失信行为调查处理工作，同时科研失信行为调查细化到各主管部门和各单位，如果有关科研失信行为引起社会普遍关注或涉及多个部门（单位），需要协同处理，则由主要负责部门组织各单位之间互相配合处理，或协调不同部门不同单位分别开展调查处理，确保政策落实。对于有上级主管部门的，由其所在地的科技行政部门或哲学社会科学科研诚信建设责任单位负责组织开展调查处理。《科研失信行为调查处理规则》体现了科技部与中国社科院之间的分工协同。

3.3.2 科研档案管理与科研诚信建设过程协同

科研档案保存的科研活动原始记录，直接呈现科研活动的全过程。《关于进一步加强科研诚信建设的若干意见》明确要求，从事科学研究的各相关单位要"健全本单位教育预防、科研活动记录、科研档案保存等各项制度"[①]，从事科研活动的各类科研院所、高校、企业、社会组织等是科研作风学风和科研诚信建设第一责任主体[②]，引导科研人员和档案人员协同做好科研活动的原始记录归档，确保本单位科研活动的原始记录及时、准确、完整，保存得当，做到可查询、可追溯，这对于加强科研活动全过程的科研诚信管理，全面实施科研诚信承诺制，强化科研诚信审核，对违背科研诚信要求的行为进行公平公正的调查处理等具有重要的推动作用[③]。

3.3.2.1 科研诚信建设融入科研项目的全生命周期

科研项目生命周期包括项目的申报与立项、项目实施过程和项目结项，涉及项目的组织、人员、资金、文档、科技成果及知识产权以及后续

---

① 中共中央办公厅 国务院办公厅印发《关于进一步加强科研诚信建设的若干意见》［EB/OL］.（2019-01-31）［2024-12-30］.https://www.saac.gov.cn/daj/kjzcfg/201901/79e2790bc4814ed88df562d99367396c.shtml.

② 科技部.自然科学基金委关于进一步压实国家科技计划（专项、基金等）任务承担单位科研作风学风和科研诚信主体责任的通知［EB/OL］.（2020-07-17）［2024-12-30］.https://www.gov.cn/zhengce/zhengceku/2020-07/30/content_5531151.htm.

③ 国家档案局.科技部有关负责人就发布《科学技术研究档案管理规定》答记者问［EB/OL］.（2020-10-22）［2024-12-30］.https://www.saac.gov.cn/daj/yaow/202010/04f657574d344feab515711c15b17920.shtml.

评价等内容。在科研项目的生命周期中，各阶段都有可能存在科研不端行为，如：一是科研项目的申报与立项阶段，科研工作者可以借鉴之前的科研资料、科研信息，但不得剽窃别人成果，甚至篡改数据，骗取项目立项。从科研不端查处数据来看，立项环节存在以"拿来主义"骗取立项以及买卖、代写申请书等科研不端现象。二是科研项目的实施阶段，存在重立项、轻结项的现象，有些科研人员立项获取科研经费后，希望快速结项，申请下一个项目，在实施过程中，遇到不确定的困难可能会出现"避难而下"的状况，未进行深入研究，得出不负责或无价值的科研成果，或者编造、伪造、篡改科研中的研究数据，以及科研经费使用不当等行为。三是结题验收、绩效评价和成果管理阶段，包括绩效评价结项和验收结项，这个环节存在邀请同行专家评审"打招呼"或伪造绩效证明材料、窃取他人研究成果等科研不端现象，被邀请专家可能存在因人情关系、利益关系以及敷衍不负责任的情况，从而导致科研成果水平不高、科研档案不详等问题。科研诚信建设全流程管理表现在科研项目的全周期管理中，要在科研项目的论证立项、研究实施、过程管理、结题验收、成果管理、成果转化等各个阶段，明确科研文件材料和电子文件的管理内容和归档要求，从科研文件材料的形成、收集、积累、整理、归档，到科研档案的保管、利用，加强科研档案的前端控制，实行科研档案的全过程管理，才能够从源头确保档案的齐全、完整、准确、系统和安全，才能够保障科研活动的原始记录可追溯、可查证，从而推进科研诚信建设落地落实。

3.3.2.2　科研诚信建设融入科研档案开放使用的全过程

科研档案的形成与丰富涵盖了科研项目的全生命周期，是一个连续的整体过程，科研档案的功能实现是科研档案生产者、科研档案管理者和科研档案的使用者互动耦合的循环过程。科研档案是在科研实践活动过程中形成的过程性文件和成果类文件，科研生产者是科研档案形成的源头，档案管理者对科研档案进行了归档、管理，成为重要中介者和档案知识建构者，为科研档案使用者提供了便捷有效的服务，为提高专业水平、普及科学知识和新一轮科研创新提供帮助。科研诚信建设涵盖科研档案的生产者、科研档案管理者和使用者。从科学研究的规律来看，任何创新都不是空中楼阁，而是建立在前人大量的研究基础上的，科研档案是前人探索的经验积淀，科研档案使用者利用前人数据资料、经验规律，进行新的研究，进而形成新的科研数据，成为新一轮科研档案的生产者，科研档案管理者继续发挥科研成果形成与使用的桥梁作用，又为新的科研档案使用者提供科研档案信息，如此形成循环反复过程，从而实现了科学研究有效延续和传承。而在科研档案的利用过程中，通过科研数据科学进行甄别、选择，对科研档案一些内容进行反思和评价，形成了对于该档案记录的科研活动的审视，增加了科研不端行为被发现的概率，因此科研诚信建设过程体现在科研档案形成、使用的反复循环和可持续开展过程中。

4 基于科研诚信建设的科研档案管理现状及分析

为深入了解我国高校档案管理现状和科研诚信建设情况，本书选择了四川省 8 所在建的"双一流"建设高校，采用文献研究法、访谈调查法、案例分析法等方法，了解情况，探寻问题，以期探析科研档案管理对于科研诚信建设的作用。

4.1 科研档案管理与科研诚信建设的认知情况调查

4.1.1 问卷调查的基本情况

4.1.1.1 问卷设计和调研对象

为了更好地了解和把握当前我国课题制背景下科研档案管理与科研诚信建设的现状，笔者查阅相关科研档案管理文献和科研诚信建设文献，在综合分析科研档案管理的实际情况后，通过实地访谈、电话访谈等形式，与高校教师、科研院所研究人员、档案管理人员等进行深入讨论，提炼、设计并形成"科研档案管理与科研诚信建设的认知情况调查问卷"草稿。笔者咨询专家，听取专家建议，对该问卷进行了修改，最终确定了调研内容，提高了问卷设计的信度和效度（问卷调查表见附录 1）。此次调研主要围绕科研档案管理在加强科研诚信建设的有效性、当前科研档案管理中的现状及问题和改进方式、科研档案的使用和效能等方面设计了 20 个问题。

笔者使用"问卷星"，采用调查问卷法，借助中国大学校史研究群、全国档案学会工作群、四川省档案学会工作交流群、年鉴交流群等 QQ 群和微信群，面向全国从事档案管理工作的群体，以及从事科研工作的高校和科研院所的师生等开展调研，调查对象涵盖了科研一线的科研人员和科研管理人员，以及从事档案工作的一线管理人员，该调查兼具了普遍性、全面性、代表性和典型性。调查共收集 230 份有效问卷。

4.1.1.2 研究方法与样本分布

本书以调查研究法为主，采取辨析、调查、统计等多种方法，辅以文献研究和案例研究，展开探索性研究。在调研对象的选取上，本书主要考虑以下两个方面：一是以填写问卷人所在的单位为基础；二是以填写问卷人的职业状况为基础。

第一，填写问卷人的单位。考虑到疫情影响下信息的可获得性，调查人员借用 QQ 群、微信群、电话邀约等方式，主要选取具有代表性、典型性和影响力的 62 所高校，涵盖了四川省外的北京大学、复旦大学、上海交通大学、武汉大学、天津大学等 30 所高校，以及四川大学、电子科技大学、西南财经大学、西南交通大学等 32 所四川高校。因为企业和科研院所都是不可或缺的科研创新力量，政府和一些事业单位也是重要的科研档案管理机构，抽样兼顾到企业和科研院所以及政府和事业单位共 16 家，包括四川省社会科学院、四川省农业科学院、科大讯飞四川分公司、成都年鉴社等 10 家四川省内科研院所和企事业单位，中国气象科学研究院、大兴教委等四川省外的 6 家企事业单位，以深入分析当前科研档案管理与科研诚信建设的情况。参与调研的单位见表 4-1。

表 4-1　参与调研的单位

参与调研的四川省内高校		
四川高校32所	四川大学	四川财经职业学院	四川卫生康复职业学院
	电子科技大学	四川水利职业技术学院	成都航空职业技术学院
	西南交通大学	四川华新现代职业学院	成都技师学院
	西南财经大学	四川国际标榜职业学院	成都艺术职业大学
	成都理工大学	四川交通职业技术学院	达州职业技术学院
	四川师范大学	四川文化产业职业学院	眉山职业技术学院
	西南医科大学	四川文理学院	广安职业技术学院
	成都师范学院	四川工业科技学院	宜宾学院
	西华大学	四川信息职业技术学院	川北医学院
	四川大学锦江学院	四川工程职业技术学院	攀枝花学院
	四川音乐学院	四川幼儿高等师范专科学校	

表4-1(续)

参与调研的四川省内科研院所和企事业单位			
四川科研院所和企事业单位10家	四川省社会科学院	科大讯飞四川分公司	成都年鉴社
	四川省气象局	四川成渝高速公路股份有限公司	武侯区方志办
	四川省农业科学院	四川航天技术研究院	绵阳市地方志编纂中心
	兴泸投资集团		
参与调研的四川省外高校			
四川省外高校30所	北京大学医学部	武汉大学	中南大学
	复旦大学	山东工商学院	大连大学
	上海交通大学	广东石油化工学院	中国地质大学（武汉）
	中国政法大学	甘肃政法大学	西南大学
	东南大学	西安航空职业技术学院	贵州大学
	天津大学	南华大学	兰州理工大学
	华中科技大学	湖南科技学院	中国海洋大学
	东北大学	上海音乐学院	延安大学
	北京联合大学	上海应用技术大学	宁夏医科大学
	长沙理工大学	湖南工业大学	西安航空职业技术学院
参与调研的四川省外企事业单位			
四川省外企事业单位6家	大兴教委	中国气象科学研究院	南京轩恩软件开发有限公司
	龙湖区方志办	广西壮族自治区环境保护宣传教育中心	江西高安党史地方志办公室

第二，填写问卷人的职业状况。由于问卷调研的是科研档案管理与科研诚信建设的认知情况，因此，从科研档案产生、管理等环节考虑，被调研的人群包含了科研档案管理者、科研人员、研究生。其中职业为档案管理工作的人数为113人，占比为49.13%，即将近一半的问卷填写人从事档案管理相关工作，教师或者科研人员占比为13.04%；被调研的人群中包括高校和科研院所的20个学生代表，学生学历均在硕士以上，并参与了导师的一些科研项目，占比为8.7%；其他（行政管理等）人员占比为29.13%。问卷填写人职业以档案管理为主，这对于后续问题的反馈更有价值。以"所在单位"为自变量，以"职业"为因变量，做交叉分析，调研对象单位情况与职业交叉分析见图4-1。

X\Y	教师或科研人员	档案管理人员	学生	其他	小计
高校	20(15.50%)	99(76.74%)	6(4.65%)	4(3.10%)	129
科研院所	6(23.08%)	5(19.23%)	14(53.85%)	1(3.85%)	26
企业	0(0.00%)	6(20.69%)	0(0.00%)	23(79.31%)	29
其他	4(8.70%)	3(6.52%)	0(0.00%)	39(84.78%)	46

图 4-1　调研对象单位情况与职业交叉分析

4.1.2　调研结果与分析

4.1.2.1　科研档案对于科研诚信建设的有效性调研

（1）关于"建立科研诚信档案对科研诚信建设是否有效"的调研中，76.09%的人认为有效，15.65%的人认为一般，2.17%的人认为无效，6.09%的人认为不清楚。以"所在单位"为自变量，以"建立科研诚信档案对科研诚信建设是否有效"为因变量作交叉分析，认为有效的高校为80.62%，认为一般的高校为12.40%，认为无效的高校为0.78%，认为不清楚的高校为6.20%；科研院所中，认为有效的为84.62%，一般的为11.54%，无效的为3.85%，不清楚的为0；企业中，认为有效的占55.17%，一般的占20.69%，无效的占6.90%，不清楚的占17.24%；政府等其他机构中，认为有效的占71.74%，一般的占23.91%，无效和不清楚的均为2.17%。从数据来看，高校和科研院所对于"科研诚信档案对于科研诚信建设是否有效"的认可度远远高于企业，也高于政府等其他机构。综合来看，科研诚信档案对于科研诚信建设是非常有必要的，高校尤为如此。"所在单位"与"建立科研诚信档案对科研诚信建设是否有效"交叉分析见图4-2。

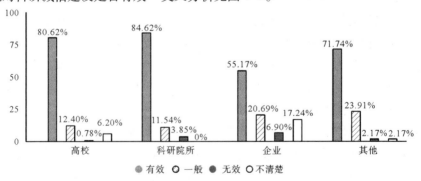

图 4-2　"所在单位"与"建立科研诚信档案
对科研诚信建设是否有效"交叉分析

（2）关于"高校及其科研院所目前的科研诚信现状"，认为非常好和很不好的比例都较低，44.78%的被调研者认为高校和科研院所的科研诚信建设还是比较好的，37.39%的调研者认为高校和科研院所的科研诚信建设一般。以"所在单位"为自变量，对"高校及其科研院所目前的科研诚信现状"做交叉分析，发现高校和科研院所对于自身科研诚信评价比较好的比例超过50%，远远高于企业和政府等其他机构的评价；企业和政府等其他机构认为目前高校和科研院所诚信建设"一般"的评价比例则在50%左右，"所在单位"与"高校及其科研院所目前的科研诚信现状"交叉分析见图4-3。整体来看，高校及其科研院所自我评价高于社会评价，频繁发生的高校和科研院所的科研不端行为已经严重影响了科研工作者的科研形象，加强科研诚信建设刻不容缓。

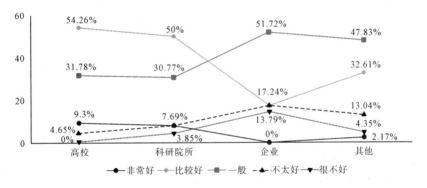

图4-3　"所在单位"与"高校及其科研院所
目前的科研诚信现状"交叉分析

（3）关于"所在单位"与"科研档案对科研诚信建设是否有效"的调研中，21.3%的被调查者认为非常有效，62.17%的被调查者认为有效，不清楚的占8.7%，完全无效的占0.87%。可以看出，83.47%的被调查者认为建立科研档案是科研诚信建设的有效手段，因此科研档案管理创新对于科研诚信建设是非常有必要的一项工作。以"所在单位"为自变量，以"建立科研档案对科研诚信建设是否有效"做交叉分析，高校和科研院认为完全无效的均为0，不清楚的分别为5.43%和7.69%，因此，科研档案对于高校和科研院所的科研诚信建设还是有着较高的认可度，高校超过90%，科研院所接近90%，但是企业对于科研档案建设对于科研诚信的效能认可度在51.72%，相对较低。"所在单位"与"建立科研档案对科研诚信建设是否有效"交叉分析见图4-4。

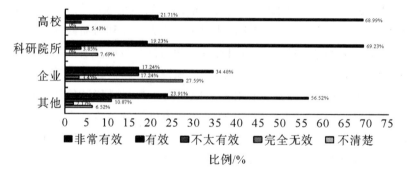

图4-4 "所在单位"与"建立科研档案对科研诚信建设是否有效"交叉分析

4.1.2.2 关于科研档案管理基本情况的认知及分析

（1）在"所在单位"和"职业"与"科研档案以何种方式归档"的调研中，64.35%的被调查者对科研档案有所了解，35.65%的被调查者不太了解科研档案。以"所在单位"和"职业"作为自变量，以"对科研档案是否了解"作为因变量做交叉分析发现，作为科研档案的主要形成群体，高校教师或科研人员对于科研档案的不了解比例竟然达到45%，科研院所科研人员的不了解比例也达到33.33%，高校学生和科研院所学生对于科研档案的不了解比例也分别达到66.67%和64.29%。"所在单位"和"职业"与"科研档案以何种方式归档"的交叉分析见图4-5。科研档案是落实科研诚信建设要求的重要载体和根基，也是实现全流程可追踪科研档案管理的关键因素，从科研档案产生的源头抓起是科研档案规范化管理首先要解决的问题，面向师生及科研人员开展科研活动的科学记录和规范整理相关讲座，也是科研档案管理工作中落实科研诚信建设的重要手段。

（2）在"所在单位"和"职业"与"科研档案是否需要单独专人管理"的调研中，92.61%的被调查者认为需要，7.39%的被调查者认为不需要，"所在单位"和"职业"与"科研档案是否需要单独专人管理"交叉分析见图4-6。

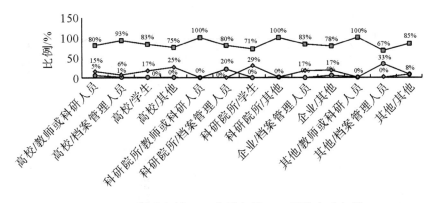

图 4-5 "所在单位"和"职业"与"科研档案以何种方式归档"的交叉分析

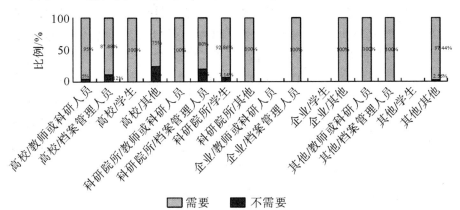

图 4-6 "所在单位"和"职业"与"科研档案
是否需要单独专人管理"交叉分析

（3）关于"所在单位"和"职业"与"科研档案以何种方式归档"的调研中，86.52%的被调查者认为应该采用"电子文档和纸质文档同时归档"，10%的被调查者认为在信息化时代只需要电子文档归档，还有3.48%的被调查者认为只需要纸质文档归档。67.39%的被调查者认为科研档案应该向社会公开，32.61%的被调查者认为科研档案不应该向社会公开。以"所在单位"和"职业"为自变量，以"科研档案以何种方式归档"为因变量作交叉分析发现，"纸质档案"和"电子档案"两种归档方式在所有行业和所有职业中均得到了普遍认可，电子档案的使用已经超越了纸质档案，这也是信息化时代的必然趋势。"所在单位"和"职业"与"科研档案以何种方式归档"的交叉分析见图 4-7。

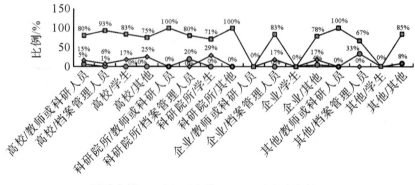

─■─ 纸质文档　　─◆─ 电子文档　　─●─ 两种方式归档

图 4-7　"所在单位"和"职业"与"科研档案以何种方式归档"的交叉分析

（4）在"所在单位"和"职业"与"是否有阅读科研档案需求"的调研中，7 成以上（70.87%）的被调查者承认有阅读需求，近 3 成（29.13%）的被调查者否认有该需求。以"所在单位"和"职业"为自变量，以"是否有阅读科研档案需求"为因变量作交叉分析，可以发现，作为需求方的教师和科研人员，以及作为提供方的档案管理人员，应该均给出了有极高需求的答案。而企业和政府等其他机构也认为应该提升科研档案的服务水平和信息化管理水平。"所在单位"和"职业"与"是否有阅读科研档案需求"的交叉分析见图 4-8。

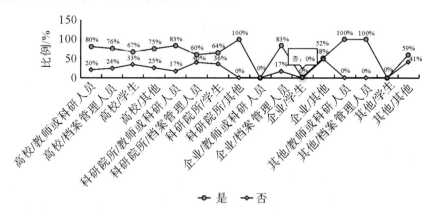

─●─ 是　　─◆─ 否

图 4-8　"所在单位"和"职业"与"是否有阅读科研档案需求"的交叉分析

（5）在"所在单位"与"科研档案是否向社会公开"的调研中，分析发现，企业对于科研档案公开的要求要远远高于高校、科研院所，也高于政府等其他机构。"所在单位"与"科研档案是否向社会公开"交叉分析见图4-9。

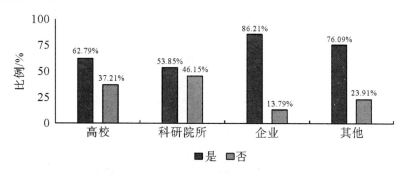

图 4-9 "所在单位"与"科研档案是否向社会公开"交叉分析

由图4-9可知，只有档案管理人员对于公开与否的差值最小，或许是因为教师、学生、科研人员对于查阅科研档案有着相对较高的需求，也乐于交流分享科研成果，而公开科研档案对于档案管理人员来说，不仅要增加工作量，而且科研档案的安全性面临着一定的安全风险。如何在保证科研档案安全性和保密性的基础上，服务查档人员也是科研档案管理者需要关注的问题。

（6）科研档案中蕴藏着大量有价值的数据信息，有效利用科研档案是档案管理的重要内容。科研档案信息使用效果统计见图4-10。由图4-10可知，对于目前科研档案使用效果，50.43%的被调查者认为一般，23.48%的被调查者认为比较好，6.96%的被调查者认为非常好，认为不太好和很不好的比例分别为14.78%和4.35%。目前档案信息服务模式主要是传统的实体档案服务模式和现代网站档案服务模式，大数据为档案信息服务带来了前所未有的机遇，但网络信息服务在极大地提高档案服务效率的同时，也使电子档案的安全性和准确性面临着极大的挑战。

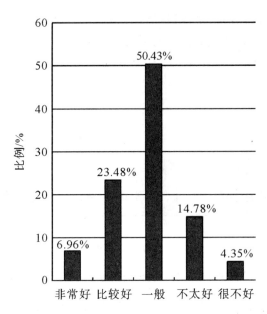

图 4-10　科研档案信息使用效果统计

4.1.2.3　科研档案管理工作中的重要因素、问题与应对措施

（1）在"科研档案管理工作中最重要的因素"多选题的选择中，管理制度、管理理念和管理人员的素质被调查者认为是相对更重要的因素，管理理念最重要占比80%左右；管理设备的重要性也超过了50%。科研档案管理工作中最重要的因素选择见图4-11。

以"所在单位"为自变量，以"科研档案管理工作中最重要的因素"为因变量进行交叉分析，见图4-12。在管理理念、管理人员的素质、管理设备、管理制度、政策因素五个选项中，高校重视度最高的因素是管理制度（88.37%）和管理理念（81.40%），科研院所重视度最高的因素是管理理念（80.77%）和管理人员的素质（80.77%），而且高校和科研院所对于"管理制度、管理理念、管理人员的素质"的重视程度，远远高于"管理设备"和"政策因素"。企业则认为最重要的因素是管理制度（96.55%）。政府等其他机构认为最重要的因素是管理理念（82.61%），与高校的81.40%、科研院所的80.77%差距不大。

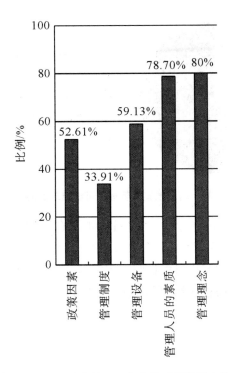

图 4-11 科研档案管理工作中最重要的因素选择

机构	管理理念	管理人员的素质	管理设备	管理制度	政策因素	小计
高校	105(81.40%)	103(79.84%)	75(58.14%)	114(88.37%)	73(56.59%)	129
科研院所	21(80.77%)	21(80.77%)	14(53.85%)	19(73.08%)	14(53.85%)	26
企业	20(68.97%)	21(72.41%)	19(65.52%)	28(96.55%)	10(34.48%)	29
其他机构	38(82.61%)	36(78.26%)	28(60.87%)	32(69.57%)	24(52.17%)	46

图 4-12　"所在单位"与"科研档案管理工作中最重要的因素"选择交叉分析

（2）关于"科研档案在管理中可能出现的问题分析"调研问卷，调研者从管理制度、归档情况、数字化建设、管理人员素质四个方面进行调研，结果见图 4-13。八成以上的被调研者认为管理制度不够完善，科研材料归档不完整；七成以上的被调研者认为管理数字化网络化建设不完善，管理人员素质参差不齐。

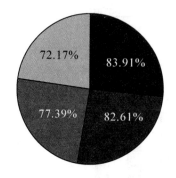

图 4-13　科研档案在管理中可能出现的问题分析

- ■管理制度不够完善
- ■科研材料归档不完整
- ■管理数字化网络化建设不完善
- □管理人员素质参差不齐

以所在单位作为自变量，以"科研档案在管理中可能出现了哪些问题?"作因变量进行交叉分析，见图4-14。高校与科研院所科研档案管理存在的最重要的问题是科研材料归档不完整，企业和其他机构则认为管理制度不够完善是科研档案管理存在的首要问题。

机构	管理制度不够完善	科研材料归档不完整	管理数字化网络化建设不完善	管理人员素质参差不齐	小计
高校	104(80.62%)	118(91.47%)	106(82.17%)	93(72.09%)	129
科研院所	21(80.77%)	22(84.62%)	22(84.62%)	22(84.62%)	26
企业	26(89.66%)	20(68.97%)	20(68.97%)	15(51.72%)	29
其他机构	42(91.30%)	30(65.22%)	30(65.22%)	36(78.26%)	46

图 4-14　"所在单位"与"科研档案在管理中可能出现的问题"的交叉分析图

（3）关于科研档案的管理责任，八成（80.87%）以上的被调研者认为需要档案部门、科研管理部门、科研团队三方承担，协同管理，见图4-15。被调研者中，认为科研档案主要责任在于科研管理部门的比例占11.74%，认为责任在于档案部门的比例占5.65%，认为管理责任在于科研团队的比例只有1.74%。科研档案管理需要档案部门、科研管理部门、科研团队共同参与，协同负责。

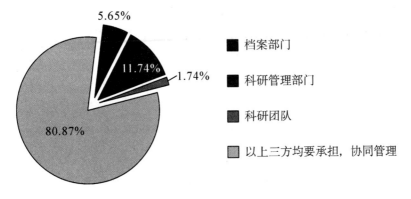

图 4-15　科研档案管理责任分析图

（4）关于"职业"与"科研诚信建设在科研档案管理上的措施选择"的分析中，九成以上（93.48%）的被调研认为应该确保档案工作与专项管理"四同步"（同部署、同实施、同检查、同验收）；86.52%的被调研者认为，需要加强科研项目立项人员科研档案业务培训和档案管理的检查；85.22%的被调研者认为，需要推动科研档案信息系统与科研诚信平台深度对接；72.61%的被调研者认为，需要确保档案管理人员在科研项目中全程介入。以"职业"为自变量，"科研诚信在科研档案管理上的措施"为因变量，作交叉分析，见图 4-16。由图 4-16 可知，教师或科研人员、档案管理人员、学生及其他职业对于档案管理人员在科研项目中的全程介入的认可度都是相对较低的，档案工作的"四同步"与科研档案业务培训则受到档案管理人员的高度认可，而对于科研档案与科研诚信平台的深度对接，教师或科研人员以及学生的接受度要高于其他群体。

职业	档案工作的"四同步"	科研业务培训	科研项目中的全程介入	科研档案与科研诚信平台的深度对接	小计
教师或科研人员	29(96.67%)	27(90%)	23(76.67%)	28(93.33%)	30
档案管理人员	109(96.46%)	104(92.04%)	87(76.99%)	95(84.07%)	113
学生	18(90%)	18(90%)	14(70%)	18(90%)	20
其他职业	56(83.58%)	50(74.63%)	43(64.18%)	55(82.09%)	67

图 4-16　"职业"与"科研诚信建设在科研档案管理上的措施选择"交叉分析

4.1.2.4 科研档案管理的作用

（1）科研档案对科研诚信建设的作用见图 4-17。以职业为自变量，以"科研档案管理对于从事科研工作人员的科研诚信建设作用"为因变量，作交叉分析，可以看出教师和科研人员对于科研档案作用的认可度很高。

职业	科研档案是科研主体诚信的原始记录和客观反映	科研档案是科研活动全流程诚信管理的基本依托	科研档案是落实科研过程可追溯制度的必要手段	科研档案是科研案件调查处理诚信追责到人的重要依据	小计
教师或科研人员	29(96.67%)	28(93.33%)	28(93.33%)	28(93.33%)	30
档案管理人员	106(93.81%)	93(82.30%)	99(87.61%)	99(87.61%)	113
学生	19(95%)	15(75%)	19(95%)	16(80%)	20
其他职业	61(91.04%)	49(73.13%)	54(80.60%)	54(80.60%)	67

图 4-17 科研档案对科研诚信建设的作用

（2）科研档案是科研数据信息的综合库，保留着科研实践的过程记录，对于实现科研创新，促进科研项目的进一步探索实施有着极为重要的价值。"职业"与"科研档案使用对科研创新帮助"交叉分析图见图 4-18。由图 4-18可知，按照被调研人员的职业划分，被调研者中，教师或科研人员、档案管理人员以及其他职业对于科研档案对于科研创新的价值认可度在 60%上下波动。分职业来看，学生对科研档案对科研创新的帮助的认可度在 55%，低于已参加工作人员，原因在于学生在科研中，相对于教师等人来说，对科研档案的使用率较低。但是，如果分别以"所在单位"为自变量，以"科研档案使用对科研创新帮助"为因变量做交叉分析，发现科研院所人员对"科研档案使用对科研创新帮助"的认可度高于高校和企业人员，而其他职业，如事业单位对"科研档案使用对科研创新帮助"的认可度反而是最高的，达到 71.74%，具体见图 4-19。

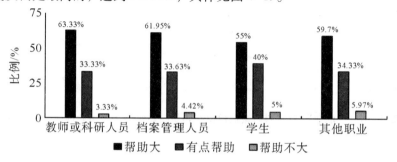

图 4-18 "职业"与"科研档案使用对科研创新帮助"交叉分析

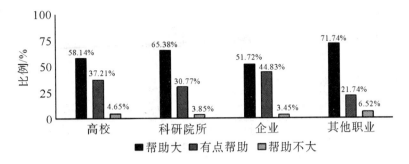

图 4-19 "所在单位"与"科研档案使用对科研创新帮助"交叉分析

（3）科研档案赋能"知识社会"的作用。以"所在单位"为自变量，"科研档案对赋能知识社会的作用"为因变量，作交叉分析，作用的评价曲线图见图 4-20，明显可以看出其成效还是得到了高校、科研院所、企业以及其他职业的普遍认可。

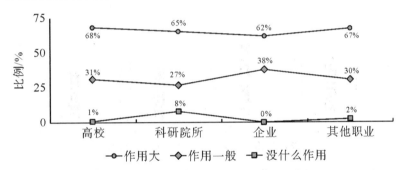

图 4-20 科研档案对赋能"知识社会"的作用

（4）"所在单位"与"档案管理部门的职责"交叉分析见图 4-21。由图 4-21 可知，高校和科研院所对于强化档案管理的职责的呼声极高。科研院所的主要职能是开展科学研究，高校有人才培养、科学研究、社会服务、文化传承创新和国际交流合作五大主要职能，科学研究是体现高校办学水平的重要方面，也是教师职业发展的核心要素之一。在笔者所调研的高校和科研机构人员中，有档案管理人员，也有科研人员和教师，还有学生和企业档案管理人员，无论师生还是档案管理人员，对于档案管理的职责基本上都认为需要强化。因此，从什么地方入手充分发挥档案管理的职能，才是摆在研究者面前需要解决的问题。

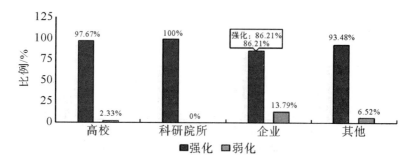

图 4-21　"所在单位"与"档案管理部门的职责"交叉分析

（5）"所在单位"与"档案管理部门的功能定位"交叉分析图见图 4-22。以"所在单位"为自变量，"档案管理部门的功能定位"为因变量，作交叉分析，可以看出，无论高校、科研院所还是企业或者其他机构，目前认为定位偏高的占比很低。

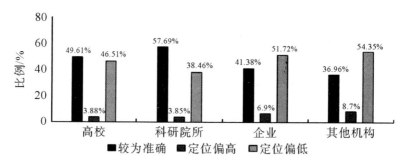

图 4-22　"所在单位"与"档案管理部门的功能定位"交叉分析图

　　总之，从调研结果来看，科研档案在科研诚信建设和科技创新支撑上的重要价值被六成以上的管理人员和科研人员认同，但是对于其价值的探索和挖掘却远远不够。档案管理工作作为一项基础性、常规性工作，在社会职能中处于下游，在人们的认知中，档案工作是枯燥而重复的，日复一日年复一年，伟大而琐碎，常常与寂寞、清闲、清贫联结在一起。然而，随着信息化技术的推进，档案工作的重要性逐渐凸显，尤其是科研档案对于中国科技创新具有重要的作用，高质量、专业化的科研档案编研和信息资源开发利用，是科研档案管理中应当重视的工作，也是科研档案价值有效化的途径，更是避免科研工作低水平重复的重要手段，通过科研档案管理提升其价值也是本书研究的意义所在。

4.1.3 一个特殊样本的分析

此外，调查组还与四川省社会科学院研究生院进行了联合调研。四川省社会科学院作为一家科研机构，没有招收本科生，但有研究生培养资格，该机构研究生生源来自全国各大高校的本科生。调研组选取该机构的研一新生做样本，从中了解其科研诚信建设及科研档案认知，可折射出该生本科就读高校的学生对科研档案认知情况。2023 年 9 月，课题组联合四川省社会科学院研究生院对刚刚入学的研一新生发放了《关于学术规范和学术道德的认知情况问卷调查》，收回有效问卷 175 份。其中来自一流建设大学（A 类）、一流学科建设大学（B 类）以及"双非"院校（C 类）的分别是 22 份、32 份、121 份，学术型硕士 75 份，专业型硕士 100 份。

（1）学生普遍担忧"高校科研院所科研诚信现状"。对"学术诚信相关的规章制度与措施"的了解程度，A 类学校学生>B 类学校学生>C 类学校学生。对于"学术不端行为"一词的定义了解程度略有差异，没有学生"非常不了解"该词，B 类学校学生对该词"不太了解"与"非常不了解"的比例均为 0。此外，A 类学校学生对于该词定义"非常了解"的占比略高，而 C 类学校学生对于该词"不太了解"的占比略高。"伪造实验/调研数据""撰写论文过程中抄袭他人""找'枪手'发表论文"三项为大部分学生最不能容忍的学术不端行为，A 类、B 类学校学生最不能容忍的是"伪造实验/调研数据"，C 类学校学生最不能容忍的是"撰写论文过程中抄袭他人"。大部分学生都能坚守学术底线，不触碰原则性问题。同时，学生十分认可法律的强制性规范作用，认同法律法规是规范学术不端行为的有力武器，并且 A 类学校学生认知最为清晰，B 类次之。

（2）大部分学生认为科研档案管理对学术规范和学术道德建设"有效"，没有学生认为"完全无效"。认为"有效"与"非常有效"的占比，B 类学校学生>C 类学校学生>A 类学校学生，或许因为 B 类和 C 类学校的学生认为科研档案管理与法律约束都十分有利于学术规范的建设；而 A 类学校的学生可能认为规定到具体行为的法律对于学术不端行为的震慑及时且强而有力，而科研档案管理因为只是存档，对当前不构成威胁或抱有侥幸心理地认为自己的科研档案中违规行为可能不会被发现。

（3）在"您认为科研档案管理对学术规范和学术道德建设有效吗"一题中，大部分学生认为"有效"，同样在"您认为科研档案是否应该公开"

一题中，各类学校 70%以上的学生都认为应该公开。认为不应该公开的学生中，A 类学校学生>B 类>C 类。在"您觉得科研档案在管理中可能会出现哪些问题？"这一多选题中，"管理制度不够完善""科研材料归档不完整""管理数字化网络建设不完善"和"管理人员参差不齐"四大选项占比均衡，且都有较高的票数。各类学校一半以上的学生认为"目前科研档案信息使用效果"一般，并对此表示了担忧。尽管大部分学生认为科研档案的建立会增加学术规范与道德建设，但他们并不信任当前科研档案管理水平。可见，目前科研档案信息使用与管理都有待改善与加强，这也可能是上述部分学生认为不应该公开科研档案的原因之一。

（4）在"您认为科研档案使用对科研创新有无帮助？"一题中，超过半数的学生认为"有点帮助"，认为"帮助大"的 A、B、C 类学校学生占比依次递减，认为"帮助不大"的 A、B、C 类学校学生占比依次递增。可见，大部分学生比较认可科研档案使用对科研创新的作用，但一部分学生警惕性较强，尤其是 A 类学校学生。

（5）大部分学生并不信任当前科研档案管理水平，认为其会出现"管理制度不够完善""科研材料归档不完整""管理数字化网络建设不完善"和"管理人员参差不齐"等问题的比例都接近半数。

大致而言，各类高校的大部分学生认可科研档案对于学术规范和学术道德的作用，认为有必要推动科研档案的建设。但有部分学生比较担心目前科研档案的管理与使用水平，对其不太信任。因此，科研档案的各方面建设仍然需要不断完善与加强，使其与法律、道德等方面的约束有效联动，从而发挥其规范学术行为的效用。

4.2 高校科研档案管理现状及科研诚信建设的深度调研

4.2.1 四川省"双一流"建设高校的科研诚信建设现状

高校官网是学校向校内外人员传递信息的重要窗口，2010 年教育部发布了《高等学校信息公开办法》，2014 年又发布了《高等学校信息公开事项清单》，学风建设信息（包括学风建设机构、学术规范制度和学术不端行为查处机制）和科研诚信信息成为高校必须公开的内容之一。科研诚信专门网页是高校为了促进科研诚信建设在学校官网设置的重要辅助工具。

调研组通过电话调查与官方网站查询两种方式，对四川省 8 所双一流高校科研诚信建设情况进行调研。调研问题主要包括：高校科研诚信的管理机构、国家科研诚信政策的宣传教育、校内学术规范以及案例的宣传教育情况。四川 8 所"双一流"建设高校科研诚信建设信息见表 4-2。由表4-2 可知，这 8 所"双一流"建设高校对科研诚信和学风建设都非常重视，都在加强顶层设计、落实具体措施等方面出台了一系列政策制度。这8 所"双一流"建设高校都设有学术委员会，本着"预防为先，惩罚为后"的理念，构建了学术失范防范体系，安装"学术不端文献检测系统"，并根据不同学科特点制定学术道德标准与学术规范，实现本硕博毕业论文、师生拟发表论文、职称评审论文等检测全覆盖；强化对科研项目预算、经费开支、报销手续等的审核稽查，防范虚假欺骗行为。为加大惩戒力度，这 8 所"双一流"建设高校都实行了学术诚信一票否决制。

在科研诚信教育和宣传内容上，这 8 所高校网站都比较重视建设校内学术规范；在诚信建设主体上，这 8 所高校都非常重视学生的学术诚信教育，有 6 所学校开展了科研诚信新生入学教育，要求学生签署考试诚信承诺书和学位论文诚信承诺书。但是学校官网对于国家诚信政策更新不够及时，只有 3 所高校的网站宣传做到了及时更新。从调研情况来看，与政府和公众对学术行为失范、科研不端行为的高度关注相比，这 8 所高校对于科研人员、教师的诚信宣传教育已显滞后，存在教育缺位和不到位的情况。

表 4-2　四川 8 所"双一流"建设高校科研诚信建设信息

高校	管理机构	国家科研诚信政策	校内学术规范	案例宣传教育
四川大学	学术委员会、学术监督委员会、学术道德与学术诚信办公室	√	√	四川大学学术诚信与科学探索网
电子科技大学	学术委员会	√	√	研究生网站、部分学院和科研机构
西南交通大学	学术委员会	√	√	党委教师工作部和部分学院网站

表4-2(续)

高校	管理机构	国家科研诚信政策	校内学术规范	案例宣传教育
西南财经大学	学术委员会	√	√	研究生院、党委教师工作部及部分学院网站
四川农业大学	学术委员会	√	√	科技管理处设学风建设专题网站
成都理工大学	学术委员会	√	√	党委教师工作部、人事处、教师发展中心网站
西南石油大学	学术委员会	√	√	纪检监察组、研究生院及部分学院网站
成都中医药大学	学术委员会	√	√	研究生院、科技处及部分学院网站

  8所高校中,以四川大学为例,该校设立了"全过程、全覆盖、全方位、零容忍"的学术诚信体系,持续加强科研诚信教育与预防体系。一是加强学术诚信管理体系建设。该校除了设立学术委员会,还设立了学术监督委员会、学术道德与学术诚信办公室,建有学术诚信与科学探索网,出台了《四川大学关于加强学术诚信体系建设的实施办法》,将学术诚信纳入常态化管理,并贯穿人才培养全过程和科研全过程。四川大学建立新生学术诚信承诺制度、学生个人诚信档案,建立科研原始数据档案保管制度,健全科研评价审核责任制,实行科研诚信一票否决制。二是构建学术诚信教育体系建设。四川大学把学术诚信和科研诚信教育纳入入学、入职、职称晋升等重要节点,强化科研诚信教育;将科研诚信教育纳入教师培训、学生必修课程等教育管理中,推进学术诚信教育进入师资队伍和课程体系建设;以社团文化引领开展"学术诚信教育宣传月系列活动",加强学风建设,营造良好的学术和科研氛围。三是构建"全方位"学术失范防范体系和"零容忍"学术不端惩治体系。四川大学安装"学术不端文献检测系统",完善科学技术研究经费管理办法,通过成果预审、科研经费执行监督等方式加强对科研失信行为的预防;健全监督机制,建立校院两

级学术道德监督委员会，完善学术不端行为的举报、核查、申诉和惩处制度①。但是调研组发现，对师生科研诚信的监管，四川大学更多地侧重于科研项目主体是否合法合规地使用科研资金，而对于科研活动的有效性和科研诚信的情况重视不够。四川大学虽然建立了原始数据档案保管制度，但是囿于科研活动的专业性，一些科研原始记录收集不全，即便收集完整，科研管理人员和档案管理人员也不容易发现科研工作者的"擦边球"行为，只能在其他科研人员对科研档案的使用中核实和发现，而这一切均依赖高校科研档案管理的基础工作。

4.2.2 四川省"双一流"建设高校科研档案管理现状

教育部 2008 年出台的《高等学校档案管理办法》规定，具备下列条件之一的高等学校应当设立档案馆：（一）建校历史在 50 年以上；（二）全日制在校生规模在 1 万人以上；（三）已集中保管的档案、资料在 3 万卷（长度 300 延长米）以上。目前四川省 8 所"双一流"建设高校都有独立建制的档案馆，各高校都高度重视档案管理工作，对科研档案都有相应的立卷要求。但是科研档案归档是一个多部门协同的工作，在实际归档工作中，科研档案工作乃至整个档案工作对于各科研管理机构和立卷部门，依然是一项"说起来重要，做起来次要，忙起来不要"的工作，各高校的科研档案管理成效参差不齐。

4.2.2.1 科研档案管理机制和制度建设

四川省"双一流"建设高校高度重视档案管理，在管理机制上，大多采用两级管理机制，档案馆是业务指导单位，科研档案立卷工作由学校科研管理部门和课题组完成。各高校基本上都有健全的科研档案管理制度，除了国家和各级主管部门设立的法律法规和管理办法外，一些高校还制定了专门的科研档案管理办法或者实施细则。

四川大学在 2013 年出台了《四川大学科研档案管理实施细则（试行）》，对科研项目提出了组卷要求和质量要求，对科研归档提出了内容要求、归档时间要求和归档手续要求，并在附件中对科研综合档案和科研项目档案列出了清单：一是明确档案馆是业务指导单位，社会科学研究处和科学技术发展研究院是收集和立卷单位，并在立卷单位成立科研档案分

① 中华人民共和国教育部. 四川大学着力加强学术诚信体系建设［EB/OL］.（2018-09-17）［2023-10-15］.http://www.moe. gov.cn/jyb_xwfb/s6192/s133/s208/201809/t20180917_349087.html

室，提出立卷单位相应的职责要求，课题组是科研项目档案材料形成部门；二是制定归档标准，提出归档要求，要求课题组严格按照档案馆制订的"科研档案归档范围和保管期限表"提供科研档案；三是对部分科研档案实行单独管理，需要由科研档案分室负责管理的科研档案，按照科研准备阶段、研究实验阶段、总结鉴定验收阶段、成果和奖励申报阶段、推广应用阶段，分别列出需要归档的内容，并给出保管期限。

电子科技大学实行科研档案项目负责人制，档案馆科研项目档案直接面向科研课题组立卷，部门制定了"电子科技大学科研项目档案归档移交清单"模板，将科研档案归档纳入科研项目结项的必要条件，实现科研档案管理与科研诚信建设的联通、联动、连接。为加强科研档案管理，电子科技大学 2010 年就制订了《电子科技大学科研档案管理细则》，2019 年进行修订，而且专门制订了科研档案归档流程、科研档案借查阅指南。

成都理工大学和四川农业大学都专门制定了《科研档案管理办法》。《成都理工大学科研档案管理办法》2017 年印发，包含 29 条内容和 3 个附件，对于科研档案归档范围和保管期限、科研项目文件如何归档、科研项目文件归档移交目录等，指出了详细的实施细则和操作方法，其中，对该校很有特色的"地质调查项目文件"专门做出归档规定。为加强管理，成都理工大学建立科研档案管理系统，科研档案的管理职责由学校科技处、社会科学处、档案馆等部门与学院、项目组共同承担，各自职责明晰。

西南交通大学、西南财经大学也制定了《档案管理办法》，在归档范围中对科研类档案提出归档要求。如西南财经大学档案馆实施部门立卷，制定了《部门档案立卷操作手册》和《学院、中心档案管理操作手册》，其中，科研档案主要由科研处移交，在各部门归档范围中，针对科研处的归档范围，详细列出要归档的材料和内容，便于部门负责档案的管理人员操作。西南石油大学制定了《西南石油大学各类档案归档范围和保管期限表》，对科研类档案的归档范围和保管期限做了细致划分，同时按照科研过程的 5 个阶段对归档内容——进行说明。

4.2.2.2　各类科研项目归档情况不一

科研档案的归档工作是高校科研档案管理中的重要环节，也是保证科研档案资料真实有效的基础，但在实际的归档工作中，归档难是影响高校科研档案管理工作的最重要原因，直接制约着科研档案的管理效果。当前高校科研压力较大，对科研档案的归档工作不够重视，但是各类科研项目归档的情况也存在差异性。

国家基金委科研项目档案完整。在高校科研管理活动中，各大部委科研项目主管部门、高校科研管理部门、课题组构成一个纵向的科研管理系统，主管部门和课题组依托高校科研管理部门，全程参与科研项目的管理。因为国家基金委建立了严格的申报材料形式审查制度和技术手段，加上高校科研管理部门直接负责项目的审核与申报，因此可以确保国家基金委的项目文件材料从申请到执行直至验收结题的完整归档，同时保证了电子版与纸质文件材料的完全一致，确保了电子文件的真实性、可靠性、完整性、可用性。四川省8所"双一流"建设高校科研项目文件材料归档基本完整，档案立卷按照档案馆的归档要求同时移交电子版和纸质版。

各大部委涉密科研档案"三纳入""四同步"执行到位。四川省8所"双一流"建设高校，在涉及涉密科研档案时，科研人员因为担心泄密问题，归档积极及时，档案材料规范完整。尤其是电子科技大学在落实科研档案制度建设上非常到位。电子科技大学实行科研档案项目负责人制，直接面向科研课题组立卷，因此涉密的一些国家各大部委课题，在项目立项之初，科研档案收集工作人员同步介入，对归档要求和制度做具体指导，在中期考核和结题时都有档案馆立卷人员的同步指导。即便许多课题长达5年，因为涉密课题必须有档案馆公章才能结题，涉密科研档案真正做到了"三纳入""四同步"，能够达到"项目批准资助与提出科研文件材料的归档要求同步；项目进展报告与检查科研文件材料形成情况同步；项目检查验收与科研档案材料检查验收同步；评审奖励科技成果以及科技人员提职考核与档案部门出具科研档案归档情况证明材料同步"。因此，项目档案的原始记录，如项目方案论证、试验记录及实验报告、测试数据、分析数据、材料成分配方、设计图纸、研究照片等，纸质文件和电子文件，均能够按照要求归档，将科研诚信的全流程可追踪落到了实处。

横向课题和不涉密国字头项目档案归档不到位。高校各课题项目组是科研档案的来源，但科研人员的档案意识淡薄，由于各高校科研项目申报水平直接关系着科研实力指标，因此在申报课题中，多数高校档案部门不可能因缺少科研项目档案而不为新的科研项目盖章，而有些高校课题申报根本没有档案馆盖章的制度，因此档案验收无法做到真正有效的监管。四川大学科研诚信渗透在各个科研项目的全过程中，但因为2019年在横向课题和纵向课题档案管理上，发生了归属单位的重大变化，科研档案横向课题依旧由科研管理部门提交，但是纵向课题划归到各学院和科研机构，项目负责人还没有及时归档的意识，现在科研档案收集室面临着档案收集不上来的难题。西南财经大学科研项目档案，统一归口到科研处，再由科研处归档到档案馆。科研档案立卷的主体，来源于各个科研项目负责人，虽然对此有要求，但是科研项目责任人出于种种考虑，在项目实施过程中一般不会通知档案工作人员，档案"四同步"没能真正落地生根，因此科研项目归档的文件一般只有立项通知书、结项书、立项申请书、结项报告以及科研成果。

4.3 高校科研档案管理工作对科研诚信建设的制约分析①

科研档案管理是一项涉及多部门、多层面、多环节且复杂烦琐的系统性工程。目前，高校科研档案管理还存在着对科研档案信息资源建设不够重视、信息缺失、科研档案收集时间跨度大、科研档案管理政策落实不到位、档案管理机制不畅、制度建设不完善、科研档案信息化技术手段滞后、科研诚信档案的程序化与档案队伍建设不匹配等情况，都在一定程度上限制了科研诚信建设的发展。

4.3.1 科研档案信息缺失

科研档案是科学技术研究活动的真实记录，是科研诚信动态追踪的关键凭证。高校科研档案主要包含科研管理制度类文件、科研项目材料和科研成果材料 3 个部分。调研发现，在科研档案立卷过程中，科研项目组的档案涉及多个主体，尤其是跨学科跨领域合作的重大科研项目，一些最有价值应该归档的实验结果、技术材料、数据信息、研究报告等材料缺失，科研项目档案缺乏关键数据与核心内容。

究其原因，一是随着国家对科研投入的加大，科研经费和科研项目大幅增加，科研档案数量的爆炸性增长加大了采集的难度。二是科研项目更多趋向跨学科、跨领域、跨机构合作研究，《科学技术研究档案管理规定》要求科研项目牵头承担单位对跨单位开展研究的科研项目档案工作负总

① 张红霞. 基于科研诚信建设的高校科研档案管理探索 [J]. 成都理工大学学报（社会科学版），2018（5）：56-60.

责，科研项目参加单位在保存本单位因承担任务所形成档案的同时，将副本或复制件或所承担科研项目档案目录送交牵头承担单位集中管理。但因为科研档案立卷部门对参与科研项目的其他机构没有管理权能，因此涉及院际合作、校际合作、校企合作甚至国际合作的科研项目档案未能归档。三是科研人员的归档意识淡薄。有些研究人员或者因为怕影响到项目的后续申报自留不上报；或者由于横向课题成果归属委托方，有些核心技术材料归属需要协商，科研人员就放弃了归档；或者由于担心知识产权而不愿意把科研数据交给档案馆，造成了科研材料归档不完整。四是高校科研档案工作未能引起相关部门的足够重视，高校科研管理部门一般注重立项结项材料，没有对科研项目过程中的材料做归档要求，加上项目归档没有直接与科研项目结项和科研考核挂钩，因此在学科研任务相当繁重的情况下，教师大多指派研究生负责科研项目档案工作，研究生大多不熟悉科研档案的归档范围和档案的整理规范，造成归档材料的不完整，或者是实验数据、调研材料、项目推广等原始档案的缺失。这些科研档案信息的缺失，毫无疑问不利于科研诚信的审核，也导致科研活动全流程的诚信管理无法真正落实、落地。

4.3.2 科研档案收集时间跨度大

《关于进一步加强科研诚信建设的若干意见》指出，在科研活动诚信全流程管理中，要"尊重科学研究规律，合理设定评价周期，建立重大科学研究长周期考核机制"，科研档案归档要求是在项目完成后 2 个月内归档，但科研项目研究周期的复杂性给科研档案的收集带来了许多困扰。高校科研档案类型多样，不同类型科研项目的归档标准不统一，纵向科研项目经费来源于中央或地方财政资金，包括国家级、省部级项目等，横向科研项目经费来源于社会资金，包括各类企事业单位委托等，由于各个委托单位要求也不一样，各个研究项目研究周期不同，时间跨度也长短不一。另外，即便是同种类型的科研项目，时间要求不一，有的项目几个月即可完成，有的项目的完成周期则长达数年，特别是众多的国家高精尖科研项目，经历时间短则 5 年，长达 10 余年甚至 20 多年，时间跨度大，涉及人员多，且伴随子课题结题、人员流动的变化等情况，给档案管理增加了不少难度。加之，科研项目的研究过程受多种因素的影响，项目结题时间也会随着实际情况发生变化，这就对科研档案的管理提出了更高的要求。

为保证科研项目材料归档的完整性和准确性，《科学技术档案工作条例》《科学技术研究档案管理暂行办法》《高等学校档案管理办法》等，都不同程度地要求实行项目主持人负责制。但是，实际工作中，档案部门因为缺乏话语权，无法严格贯彻落实制度。据了解许多高校的科研档案都是由兼职档案员完成，他们大多是科研管理部门的工作人员，只负责档案的采集分类、排序编号。由于科研档案采集的复杂性，许多科研档案未能按规定定期上交，或者提交的东西不完整，也对科研诚信的统筹管理、精准追踪、定位审核形成了新的挑战。

4.3.3　科研档案管理机制不畅、制度不完善

调研中发现，许多高校和科研院所没有建立完善的档案管理制度体系，管理机制不畅，档案管理效能不足、人才队伍建设不力等问题非常突出。一是制度化建设不力，制度体系不健全，对于档案收集、整理及开发利用没有形成完善的制度规范，档案收集工作涉及的单位和科研人员都表现出较大的随意性。二是科研档案管理的运行机制不够顺畅，制度执行较差。科研课题的审定或工程项目的验收等，只有科研管理部门相关人员参加，科研档案管理人员大多不在场，"四同步"中的"验收、鉴定科研成果与验收、鉴定科研档案材料同步""上报登记和评审奖励科技成果以及科技人员提职考核与档案部门出具专题归档情况证明材料同步"执行也不够理想。

为了改变科研档案管理制度滞后的情况，国家档案局和科技部2020年10月发布了《科学技术研究档案管理规定》，要求把科研档案工作纳入科研管理制度与工作流程，与科研项目工作同部署、同实施、同检查，将科研档案管理列入有关部门和人员的职责并予以考核。但因为长期以来科研档案在科研管理人员、研究人员与档案部门之间的权、责、利并不明确，如规定了科研工作和建档工作实行"四参加""四同步"管理，但在实际工作中很多高校和科研院所并没有落实到位，这与科研诚信的审核要求不相适应。

4.3.4　科研档案信息化建设滞后

全球范围内的数字化转型导致数字化科研的蓬勃发展，科研活动中产生了海量科学数据，因此对科研档案工作的数字化转型提出了更高的要

求。2018 年，国务院办公厅印发《科学数据管理办法》，提出科研档案与科学数据的协同管理。《科学技术研究档案管理规定》也明确科研档案归档范围包含了科学数据，各类科研项目活动过程中产生的科学数据应归尽归，并且细化科研电子文件的归档要求。《"十四五"全国档案事业发展规划》也明确提出"围绕创新驱动发展战略，强化财政资金支持科研项目档案工作监管，大力推动科学数据与科研档案协同管理"。科研诚信调查离不开对科研档案尤其是原始数据的调阅，在传统纸质档案中，纸质原始记录有凭证功能。数字化科研的出现，使得科研诚信调查将面对大量数字化的科研档案，尤其是海量科学数据，这就迫切需要对数字化的科研档案实施可信存储与验证。

调研发现，目前高校正在逐步实现科研档案的数字化储存，许多高校的增量科研档案已经开始实施电子档案和纸质档案的双轨制归档，存量科研档案正在逐步数字化。但是，在数字化过程中，首先需要保证科研电子文件来源可靠，其次要保证科研电子文件归档的元数据系统完整，最后是保证科研档案全部数据的可查询功能和智能化分析。当前的档案管理信息系统软件，还无法完全实现这些需求。目前，四川省内各大高校还没有落实《科学技术研究档案管理规定》要求，高校部门之间没有搭建共同的信息资源平台，缺乏有效的责权利统一的管理体系，科研管理部门建设的信息化系统与档案管理系统各自独立，未能实现系统平台的对接，科研管理部门形成的项目申报和项目结项等科研档案资料不能直接转入档案系统。高校科研档案建设现状与落实"科学数据的规范管理和共享利用"还相差甚远，更无法实现与当前科研诚信建设的深度对接。高校科研档案信息化的滞后，影响了与科研诚信监管平台的共通共享，科研诚信查阅、审查等可能无法有效实现，有价值的科研资料和失信证据难以从检索中及时准确发现，这无疑不利于科研诚信建设的深入推进。此外，信息化程度不高带来的科研档案低效使用，也不利于更多科研不端行为的发现。

4.3.5 科研诚信档案虚化减弱了科研不端行为的震慑力

2021 年 12 月《中华人民共和国科学技术进步法》的颁布，以立法的形式正式确立了我国科研诚信制度的基本框架。《中华人民共和国科学技术进步法》提出要"建立科学技术项目诚信档案及科研诚信管理信息系统"，但是在具体执行中，还存在以下问题：

一是对于科研诚信档案建设，还没有从科研创新的战略高度认识其重要意义。目前，科研诚信档案的重要意义停留在"诚信承诺签名"的纸面文字上，既未能像银行征信系统那样广泛、有序地采集信用主体的个人诚信信息，也没有如法院系统那般通过网络平台公开失信被执行人信息，因此未能震慑科研不端行为，将科研诚信真正落到实处。

二是内容构成不明确。科研诚信档案规范标准尚不明确，造成记录内容模糊，资料不全，归档管理不规范。目前存在科研诚信承诺书分类不清晰的现象，学界更多是对以个人为主体的科研诚信档案的内容进行探讨，对主体为社会组织的科研诚信档案的内容构成尚未重点涉及。

三是管理主体不到位。《中华人民共和国科学技术进步法》明确了各类创新主体的科研诚信管理主体责任，但是高校的管理主体之间协同不够，还没有形成共建共治的格局。科研诚信档案工作量大，在出现问题后容易出现推诿，科研部门、人事部门、档案部门，以及第三方机构的职责权，需要进一步明确。利益相关方之间的职责不清晰还会导致科研诚信档案所属权混乱、科研诚信档案在形成或移交过程中相互推诿、科研诚信档案监督与评估缺失等问题。

四是科研诚信档案使用效率不高。科研诚信档案更多是当有举报发生才启用核查程序，正面宣传教育相对有限。

五是开放共享与隐私保护协调难。科研诚信档案的开放共享是推进诚信社会建设的必然要求，但也应注意科研信用信息的隐私保护。关于隐私权的保护，立法还比较模糊。

4.3.6　科研档案队伍建设难以适应档案事业发展和科研诚信建设的迫切要求

科研档案管理人员专业水平、综合素质直接影响科研档案管理工作和科研诚信建设的有效开展。

一是由于档案工作者工作相对清苦，档案战线的很多同志默默无闻，孜孜奉献，"兰台筑梦数十载、故纸堆里写芳华"，档案部门不是处于一线的主要业务部门，也不是社会关注的热点部门，档案管理人员人才配备相对不足，还存在人员数量不足、学历低、年龄大等问题。

二是在大数据时代背景下，科研档案管理人员的信息化专业水平难以适应信息技术要求，综合素养有待提高。科研档案管理人员需要具备一定的文字功底和与本行业相关的科技知识、法律知识，还需要有敏锐的信息意识和较强的信息能力，特别需要区块链、人工智能、知识产权法等专业知识。从调研来看，科研档案管理人员在理论学习、专业素养、实践锻炼等方面获得的精细化培养、培训机会较少，知识技能更新慢，尤其是对电子文件归档和电子档案管理的认识还有待提高，因此在一定程度上制约着科研档案信息化转型、专业化发展的进程。

三是高校各院系的基层档案人员变动频繁，业务素质不高，对于档案系统及档案收集整理等操作技能相对较弱，档案管理人员对科研档案事业和科研诚信建设乃至科技创新的支撑作用认识不够，或者认为科研诚信建设是分外之事，自己只需要完成科研档案的管理即可，很少主动思考如何利用科研档案编研服务科技创新，服务国家科研诚信建设需求。此外，一些档案管理人员对档案事业缺乏追求，个人视野狭窄、综合能力匮乏，因此对于科研档案管理的"跨界合作"不能发挥应有的作用。

5 国外科研诚信建设的经验借鉴

科研诚信治理是一个世界性的难题，世界各国（地区）采取了许多有力的措施着力推进科研诚信建设。他山之石，可以攻玉，本书通过文献搜索，梳理发达国家在科研诚信和科技管理方面的资料，以资借鉴。

5.1 世界科研诚信大会的共识

进入 21 世纪后，科研不端行为在世界范围内频频发生，美国"舍恩事件"、波尔曼案件，韩国"黄禹锡事件"等重大科研不端事件频频出现，成为震撼科学界的丑闻，科研诚信建设在全球得到广泛重视。2007 年，欧洲科学基金会（ESF）和美国卫生及公共服务部下属的科研诚信办公室（ORI）共同发起和组织第一届世界科研诚信大会，由欧盟时任轮值主席国葡萄牙主办，吸引了来自欧洲、北美洲、亚洲、非洲、大洋洲和南美洲共 47 个国家和地区的 275 名代表参加，会议达成多项共识。截至目前，世界科研诚信大会已经连续召开了七届，每一届围绕一个主题，汇聚了世界各国科研诚信领域的政策制定者和科研资助者，科研人员和科研管理人员，以及学术期刊编辑等。世界科研诚信大会就世界范围内科研诚信建设的重大问题，展开全球层面的信息交流与行动议程的研讨。世界科研诚信大会为各国科研诚信建设者提供了一个平等的对话交流平台，是目前最权威和最具规模的科研诚信国际会议，反映世界范围内科研诚信建设出现的新情况、新问题，并提出新的措施和办法，是科研诚信建设的重要风向标。世界科研诚信大会概况见表 5-1。

表 5-1　世界科研诚信大会概况

届	召开时间	地点	参加人员	会议主题
一	2007.9.16—9.19	葡萄牙里斯本	47 个国家、地区的 275 名代表	促进负责任的研究
二	2010.7.21—7.24	新加坡	59 个国家、地区 350 多名代表	科研诚信的挑战与应对
三	2013.5.5—5.8	加拿大蒙特利尔	44 个国家、地区的 300 余名代表	科研合作研究中的科研诚信
四	2015.5.30—6.3	巴西里约热内卢	50 多个国家、地区的 600 多名代表	科学研究激励与科研诚信：改革体制，促进负责任的科学研究
五	2017.5.28—5.31	荷兰阿姆斯特丹	52 个国家、地区的 836 名代表	促进讨论并协调努力，提高全球范围内的科研诚信度
六	2019.6.2—6.5	中国香港	近 60 个国家和地区的 800 余名代表	科研诚信面临的新挑战
七	2022.5.29—6.1	南非开普敦	700 多名代表	在不平等的世界促进科研诚信

由表 5-1 可以看出，科研诚信建设的主题不断发生变化，科研诚信建设覆盖范围、涉及内容、关注问题逐渐聚焦，对问题的关注，从促进个体负责任的研究，逐渐到科研合作中的责任，再到体制设置，由浅入深，由封闭走向开放。科研诚信建设的源头在于每个科研人员将责任心作为开展科研工作的基本导向，但仅仅依靠科研人员的自律还远远不够，如何通过有效的组织来规范日益增多的科研不端行为，需要科学共同体的引领，更需要跨行业、跨地域、跨国界的多方协作。

第一届世界科研诚信大会讨论了影响科研诚信的因素、科学研究的行为规范和指南、各国（地区）关于举报和查处研究中不端行为的现行政策和新动向、科研机构和专业学会面临的挑战、出版中的研究诚信、科学文化与负责任研究行为的教育以及促进研究诚信的公共政策与策略，几乎囊括了科研诚信方方面面的问题。"会议认为科学研究涉及自然科学、数学、生命和医学科学以及社会科学和人文学科各领域的知识，科研诚信涉及四个不同层面的问题：①研究中的不端行为（FFP）和有问题的研究行为（QRP）；②违反有关生命伦理的科研规章制度和行为指南；③科研中的利益等冲突；④科研机构的使命、责任和作用。"①

第二届世界科研诚信大会由新加坡南洋理工大学、新加坡国立大学、新加坡管理大学、新加坡科技研究局共同主办，会议制定了关于科研诚信的一组原则和自愿遵守的准则，发布了"关于符合专业标准的负责任研究根本原则的世界声明"，即"新加坡宣言"，给全世界负责任的科研活动提供了一个指南。

第三届世界科研诚信大会讨论了关于"跨域合作科研诚信"的共同宣言，规定了个人和机构在跨域学术研究过程中的责任，发布了《关于跨界科研合作中的科研诚信蒙特利尔声明》，强调"应当增加研究过程的透明性与研究结果的共享，妥善修正错误记录，促进科学研究事业的可持续发展和增进人们对科学的信任"。

第四届世界科研诚信大会邀请了来自全球的科研领导者和科研期刊编辑等参加会议。会议讨论了科研体制中存在的问题、当前科研体制驱动的力量、科研体制的变化、资助机构在科研体制变革中的作用、不同国家（地区）促进科研诚信的做法、出版机构在促进科研体制变革中的作用②。本次大会进一步分析了影响科研诚信建设的因素，指出科研体制的变化直接影响科研活动的组织和实施，期刊编辑作为科研数据的重要载体，也是发现科研不端行为的重要力量。

第五届世界科研诚信大会设立了负责任的研究行为注册制，意在鼓励研究人员从6个关键要素（问题、影响、干预、假设、评估、分享资料）来计划、实施、报告和发表研究成果，以提升科研诚信度。会议制定了《促进透明度和问责制阿姆斯特丹议程》，将科研诚信建设推向深入。

第六届世界科研诚信大会主要从科研诚信建设最新进展、科研诚信有效实施、资助机构作用发挥、科研人员评价以及新型知识共享模式面临的挑战等议题开展研讨，强调负责任的研究与创新，关注提高研究透明化的方法，倡导开放科学，开展并落实负责任研究的培训，关注研究成果创新（innovation）和转化（translation）中的科研诚信，引领对科研人员的评价体系改革。

---

① 曹南燕，邱仁宗. 促进负责任的研究：记首次世界科研诚信大会 [J]. 自然辩证法研究，2008（5）：108-111.

② 叶青，杨树启，张月. 科研诚信是全球永远的课题：中国科研管理与学术出版的诚信环境 [J]. 中国科技期刊研究，2015（10）：1040-1045.

第七届世界科研诚信大会提倡，将公平公正的科研合作伙伴关系纳入科研诚信问题范畴，构建跨地区跨领域公平公正、开放包容的科研生态系统。另外，本届大会还探讨了职业生涯处于中早期的研究人员可能出现的科研不端行为类型及影响因素，聚焦科研资助、项目执行、同行评审、学术出版和媒体宣传等方式变化对科研诚信的潜在影响，提出加强非洲大学科研诚信建设的意见建议，分析了科研评估和机构排名对科研诚信的影响。

5.2 国外科研档案管理借鉴

5.2.1 国外科研档案的相关概念

进入 21 世纪以来，信息技术的飞速发展，推动着全球科学研究范式的数字化转型，科学研究趋向数据密集型研究和开放科学研究转型，数字技术催生开放科学，科研成果的自由共享、科研数据的开放共享、科研过程的开放协作成为趋势[①]，"科学记录""科学数据"成为科研诚信建设中经常使用的关键词，也成为科研档案管理关注的重要内容。

由于国际上对科学（science）、研究（research）、科学记录（records of science）等概念的认识存在差异，本书使用的与科研诚信建设相关的"科研档案"，在国际上并没有一个完全对应的概念术语，根据国际档案理事会（ICA）和科学档案分委员会（SUV）2003—2004 年开展的一项国际调查，"国外科学研究领域中使用频率最高的词是文件而非档案"，科学研究活动中相关人员关注的是科学记录/科学文件管理，档案则主要在档案领域和历史研究领域受到关注[②]。安小米指出：关于科研文件，奥地利和比利时指科研项目形成的文件，英国指的是与科研活动直接相关的文件，澳大利亚和加拿大则把研究机构科学活动及其文化背景中形成的所有文件都看成科研文件[③]。

科学记录是指"科学家和技术研究工作者在其科研工作过程中创造的

---

① 薛菁华，徐慧婷，陈广玉. 全球科研范式数字化转型趋势研究 [J]. 竞争情报，2022 (6)：54-63.

② 安小米. 国外科研文件和档案管理研究 [J]. 北京档案，2017 (5)：40-41.

③ 安小米. 国外科研文件和档案管理研究 [J]. 北京档案，2017 (5)：40-41.

记录"，主要包括三个方面："原始科研数据，科研项目活动使用的数据及产出的相关成果记录""科学记录""科研项目档案"①。这三个方面都包含了科研项目实践活动中的过程性文件和成果性文件，但科学记录将科研项目活动使用的原始数据及产出数据纳入概念范畴。

科学数据（data of science）指"科研活动过程中被捕获、收集、产出的数据"，即科研项目中支撑科研结论的各类数据。国际经济与合作发展机构将科学数据称为"科学研究过程中产生，并被科研人员或科研团体普遍认定对研究结果有用的事实记录，如数值、文本、图像和声音等"②。我国国务院办公厅发布的《科学数据管理办法》将科学数据定义为"在自然科学、工程技术科学等领域，通过基础研究、应用研究、试验开发等产生的数据，以及通过观测监测、考察调查、检验检测等方式取得并用于科学研究活动的原始数据及其衍生数据"③。两个"科学数据"的概念内涵基本一致，因此本书把科研活动中产生的科学记录、科学文件或科研文件、科学数据等笼统地以科研档案来称呼。关于国外科研诚信建设的经验借鉴，本书更加关注科学记录和科学数据相关的内容。

5.2.2 美国科研档案的管理模式

在全球信息化的背景下，科学研究的数字化转型成为趋势，科研档案的管理机制和管理流程也趋向数字化。美国与欧盟引领着数据密集型科学研究的发展，科学数据的管理是一个综合性工程，"美国构建了一个覆盖科研档案全过程的三位一体（科研项目组、科技管理部门及其信息中心、国际技术信息服务局）的科技档案集成管理模式"，美国设有相关信息技术服务机构对科研档案进行管理④。美国的科研管理部门和科研资助机构，形成了两种典型的科研档案管理模式。

第一，基于科研项目流程的管理模式。该模式将科研管理环节细分为

---

① 杨文娜，张斌，李子林. 国外科研记录与数据管理实践对我国科研项目档案管理的启示 [J]. 档案学研究，2019（2）：122-128.

② 李孟秋. 论科学数据管理对数字科研档案管理的启示 [J]. 浙江档案，2022（6）：31-35.

③ 国务院办公厅. 国务院办公厅关于印发科学数据管理办法的通知[EB/OL].（2018-04-02）[2023-10-15].https://www.gov.cn/zhengce/content/2018-04/02/content_5279272.htm.

④ 毕建新，李东，刘卫，等. 电子文件单轨制管理探索：以国家自然科学基金项目电子文件为例 [J]. 档案学通讯，2019（5）：58-64.

项目进行前、项目进行中、项目完成后，每个管理环节进一步细分子环节，注重每个环节关键核心，明确个人和机构的职责。如美国国际档案理事会（ICA）的"科研项目生命周期"模式，其管理模式是根据科研项目开展过程的 8 个阶段，分别对科学记录和科学数据提出要求，科研数据、科研文件的存储工作贯穿整个科研项目开展全过程。档案馆/机构知识库，要在科研项目开展前期，以及科研项目评估、审计阶段和开始新的科学研究项目阶段，提供研究材料支持；同时，档案馆/机构知识库可以在科研项目的各个阶段接收需要归档的科研文件和科研数据。科研数据元数据、科研项目成果保存计划、科研项目计划及研究方法描述书等，在经过许可后免费向公众开放。科研文件和数据的有效归档、保存，对于科研诚信建设极为重要：一是为审查科研项目是否遵循研究协议和科研道德标准提供可靠的、可追溯的证据源；二是为科研文件和科研数据的再利用奠定基础，给未来研究者以及科研项目资助机构的历史回溯评估提供信息源①。

　　第二，基于开发利用的管理模式。该模式以科研数据和档案的使用为主导，将科研数据储存在数据知识库中，加以标识，在通过功能设置保障安全的基础上对外开放，以便于数据的可获得、可引用和可审查。以美国国家自然科学基金委（National Science Foundation，NSF）为例，其采用"科研项目成果利用"为导向的管理模式，发布《公共访问计划：今天的科研数据，明天的科学发现》，要求科研项目资助申请人在提交科研项目提案时，必须包含"科研数据管理计划"，这是项目审核的评判依据。NSF还对科研项目的过程性文件和科研数据提出了严格的档案管理策略，包括：科研项目出版物元数据和科研元数据的存储标准，出版物的移交与存储、检索与利用，以及科学数据的移交存储与管理等。科研项目承担者要严格参照提交的"科研数据管理计划"，完成科研数据的有效存储和合规管理。NSF 要求受资助科研项目的研究者提交科研项目研究成果形成的论文，经同行评审后的论文及数字化的科研数据，通过公共知识库向公众开放。NSF 与相关科学领域及联邦机构合作协商，建立科研数据资源识别、著录、引用等，服务于科研数据的开放与获取。

　　此外，美国科研管理部门基于科研数据生命周期管理模式，以数据为中心，将数据生命周期划分为规划、收集、保障、描述、保存、发现、整

　　① 杨文娜，张斌，李子林. 国外科研记录与数据管理实践对我国科研项目档案管理的启示[J]. 档案学研究，2019（2）：122–128.

合和分析八个阶段，针对不同阶段的特征和需求，明晰流程，采取有针对性的管理①。也有机构针对数据密集学科、行业和项目，通过数据管理与共享服务于本学科的发展与进步。如美国航空航天局（NASA）数据库、美国国家海洋与大气部（NOAA）数据库等均为各学科领域权威的数据监护中心。

5.2.3　国外科研档案管理趋势

国际档案界的科研档案管理模式强调智能性、规范性和便捷性，档案内容更强调数据系统集成，通过技术手段提供更丰富、更精准、更高质量的内容供给，提高科研效率与科研产出，呈现出以下特征：

第一，科研文件和档案管理的规范化和法治化。科研文件管理被纳入科研活动及其管理过程，以此提高科研项目管理水平，保证科研文件和科研档案的真实性、可靠性、成套性和可用性。如国际标准化组织信息与文献委员会文件与档案管理分委员会制定的第一个文件管理国际标准——ISO 15489-1：2001《信息与文献—文件管理第 1 部分：通则》，至 2012 年已经被 50 个国家采纳②；开放档案信息系统（open archival information system，OAIS），2003 年作为（ISO1472-2003）标准后被广泛采用，成为指导数字档案研究开发的标准规范。各国不断完善档案法规政策，适时更新，并严格遵守档案法规，提升档案治理效能。如丹麦国家档案馆更新数字存档和保护策略，强调保护档案数据并确保其真实性，美国《联邦文件处置法》规定，文件保管期限表未经国家档案馆馆长的审批，任何一份文件不得被处置③。

第二，科研档案管理的数字化与开放化。科研范式的数字化转型，导致科研档案海量化增长，对科研档案数字管理提出更高要求。基于大数据、云技术、区块链等技术，科研档案管理趋向开放共享，科研成果、科学数据等资源在数字技术赋能下实现最大程度的开放共享，科研档案利用更加高效、便利。数字环境下科研档案管理的各项规则、制度和标准的制定，使得数字科研档案管理有章可循、有规可依、有据可查。如澳大利亚

---

① 李孟秋. 论科学数据管理对数字科研档案管理的启示 [J]. 浙江档案，2022（6）：31-35.

② 刘越男. 关于文件管理国际标准 ISO 115489《信息与文献—文件管理》更新之处的思考 [J]. 北京档案，2020（7）：7-11.

③ 蔡盈芳. 推进科学数据与科研档案的协同管理 [J]. 中国档案，2021（10）：60-61.

于 2011 年发布《政府数字转型政策》，督促政府机构以数字化形式进行文件管理①。美国国家自然科学基金委在 2021 年宣布投资 7 500 万美元，建立 5 家科学与工程数据密集型研究所，研究新的数据密集型管理和分析方法，促进以数据驱动的科研范式的发展。法国高等教育、研究与创新部，在 2018 年颁布《国家开放科学计划》，以 100% 无障碍、无延迟、无收费的开放获取目标，推动法国成为全球开放科学的领导者②；2021 年又通过了《法国第二个开放科学计划》，构建、共享和开放研究数据，确保研究数据遵循 FAIR（可查找、可访问、可互操作、可重复使用）原则，完善覆盖整个研究生命周期的相关数据政策。

第三，科研档案管理的协同化和国际化。今后，重大科研项目的开展更加趋向跨区域、跨学科、跨部门合作，不仅仅是大学之间、科研单位之间、企业之间、地方之间开展科研合作，政府和国际组织的科研合作也将更加紧密。如 2012 年，由美国国家自然科学基金委、德国科学基金会和中国科学院等 11 家机构发起创立全球研究理事会（GRC），推动和实现更多更好的国际科技合作。科研项目将涉及多个实施主体、责任主体，科研项目开展更趋复杂，科研项目的档案管理建构趋向多主体协同合作。科研文件和科研电子档案的长久保存和可持续利用问题是科学领域、文件档案管理领域、信息领域共同关注的全球性问题，从国际视野出发制定全球性对策，需要更多国家的档案管理者介入其中，彼此分享经验、交流思想，共同制定规则。

5.3 发达国家科研诚信建设的经验借鉴

5.3.1 美国科研诚信建设历程和经验借鉴

美国是科技发达的国家，也是最早提出科研诚信问题并开始科研诚信管理体系建设的国家，其在科研不端行为治理方面有许多值得借鉴的经验。

---

① 冯惠玲，刘越男，马林青. 文件管理的数字转型：关键要素识别与推进策略分析［J］. 档案学通讯，2017（3）：4-11.

② 薛菁华，徐慧婷，陈广玉. 全球科研范式数字化转型趋势研究［J］. 竞争情报，2022（6）：54-63.

美国科研诚信政策和制度的建设起步于 20 世纪 80 年代。1980 年发生的耶鲁大学维贾伊·索曼（Vijay R. Soman）伪造数据案，与 1981 年发生的哈佛大学约翰·罗兰·达西（John Roland Darsee）伪造实验数据案，促使美国国会在 1981 年第一次针对科研不端行为举行听证会，使得政府对科学规范和科研不端行为的处理成为公共话题。1982 年耶鲁大学因索曼事件，促使应对科研不端行为的正式文件颁布。1985 年美国国会通过了《卫生研究扩充法案》（health research extension act），标志着美国联邦政府正式建立了针对科研不端行为的监管制度，此举有效促进了大学和专业学会治理科研不端行为的进程①。

1989 年，美国公共卫生署下属的国立卫生研究院（national institutes of health，NIH），创立了美国科学诚信办公室（office of scientific integrity），专门处理科学研究活动中的不正当行为。1992 年，美国科学诚信办公室从美国公共卫生署分离出去，和美国科学诚信审核办公室（office of scientific integrity review，OSIR）合并，成立科研诚信办公室（office of research integrity，ORI），隶属于美国卫生与公共服务部（HHS），主要负责美国公共卫生署资助项目中科研不端行为的监测、预防与协作调查，并通过科研诚信教育、预防和法制，促进科研诚信水平的提升②。

20 世纪八九十年代，美国科研不端行为的管理主要由美国公共卫生署（PHS）和美国国家自然科学基金委负责。PHS 管理团队由科学家组成，采用类似于"科学对话"（scientific dialogue）的同行评议方式来处理科研不端行为，主要包括"保护原告的无抗辩模式、保护被告的无听证会模式和保护科学自主性的科学家主导模式"③；NSF 管理主要由独立于 NSF 的监察长办公室（office of inspector general，OIG）受理案件并开展专业调查，OIG 的调查小组成员由科学家、法律专家和调查专家组成，负责科研不端行为的受理、调查、判定和处理④。21 世纪初，美国科研诚信治理上升到国家层面，2000 年 12 月 6 日，白宫科技政策办公室（OSTP）发布了《关

---

① 刘军仪，王晓辉. 促进科研诚信：美国科研道德建设的经验 [J]. 外国教育研究，2010 (5)：35-40.

② 王艳. 美国的科研诚信：联邦政府的作用 [J]. 科学对社会的影响，2007 (1)：10-14.

③ 王阳，程晖. 美国科研不端行为调查程序的历史演进：以美国科研诚信办公室为中心 [J]. 科学学研究，2010 (5)：662-667.

④ 刘军仪，王晓辉. 促进科研诚信：美国科研道德建设的经验 [J]. 外国教育研究，2010 (5)：35-40.

于科研不端行为的联邦政策》，成为处理科研不端行为的最高指导文件①，联邦法律在美国科研诚信管理机构中的作用更加突出。

2001 年，ORI 和美国国家神经病学与中风研究所，联合开展科研诚信研究项目。通过多年的不断修改，完善相关政策和程序，ORI 形成了较为完善的调查与处理程序。同时，ORI 与各大科研机构和高校加强合作，建立了一套科研不端行为治理体系。ORI 对举报者的信息进行了保密规定，而对详细的调查结果——包括出现科研不端行为的人员姓名、所属机构、所出现科研不端行为的证据及最后的行政处罚措施，则会公布在网站上，这对于科研不当行为者形成了一定的震慑作用。ORI 在监督科研活动、建设科研诚信、防止学术不端等方面发挥了重要作用，成为具有世界影响力的科研不端管理机构。

2002 年的"舍恩事件"直接推动了美国科研诚信预防体系的建设。2000—2001 年，舍恩作为第一作者，在 *Science* 发表了 9 篇文章，在 *Nature* 发表了 7 篇文章，但是因为没有科学家能够复制舍恩的实验，引发了越来越多的质疑，舍恩所属的贝尔实验室组织了针对他的独立调查委员会，最终得出他存在数据造假等科研不端行为的结论，将其解雇。舍恩在 *Science* 和 *Nature* 等杂志上发表论文，堪称经过了最严格的同行评议审核，但是其伪造数据的事实却没有被发现。舍恩事件凸显了在计算机和网络时代，科学研究中对原始实验数据的记录、保存及电子归档，成为科研诚信建设必须面对的问题，妥善保存数据记录本也成为美国法律规定的责任和要求。

美国公共卫生署下属的国立卫生研究院，是美国生物医学研究领域最大的资助机构，由国立卫生研究院资助的研究项目产生的数据既不归项目负责人所有，也不归研究团队的任何个人所有，其所有者为受资助者所在的机构，国立卫生研究院要求受资助研究产生的数据必须保留 3 年，起始日期为最终通过财务审核的日期。项目负责人对数据的收集、记录、保存、保留和处理负主要责任，国立卫生研究院可能会检查其资助项目的相关记录。美国不同的资助部门会有不同的要求，比如，弗吉尼亚州规定，由州机构收集的数据要保存 5 年，比国立卫生研究院对其资助的州立大学科学家在数据保留方面的要求更长。此外，科学记录也是知识产权的重要证据，若想通过申请专利的方式保护知识产权，必须向专利调查员提供数

---

① 王艳. 美国的科研诚信：联邦政府的作用 [J]. 科学对社会的影响，2007（1）：10-14.

据记录本，调查员还会要求申请者提供额外的支撑性数据、实验或者发现的日期等。数据记录也是在专利批准之后受到合法质疑后重新审核的佐证。

2010 年以来，论文撤销问题构成了美国科研诚信制度建设面临的新挑战①。美国记者 Oransky 和 Marcus 于 2010 年建立了 "Retraction Watch" 网站，致力于检查撤销文献。到 2017 年，他们收录的撤销文献中，与数据诚信有关的占 13.96%②。2010 年 12 月，美国科学技术政策办公室发布备忘录，要求联邦政府所属各部门提出进一步指导科研诚信政策实施的科研诚信指南，并要求各部门做到四点：一是确保科研诚信文化建设落地落实，二是增强政府研究的可信度，三是在符合隐私和保密标准的情况下促进科技信息的自由流动，四是建立向公众传播科技信息的原则。联邦政府各部门先后出台了科学诚信政策和关于科研不端行为的管理规定，其中美国国家自然科学基金会委（NSF）、美国国家海洋和大气管理局（NOAA）、美国国家航空航天局（NASA）等部门的政策具有较强的针对性。如 NOAA 的核心价值理念是透明、可追溯性和科研诚信。NOAA 要求，所有雇员和合同人员必须遵守 "关于科学诚信的基本原则、科学活动守则（诚实、负责任、专业、谦虚和公平，很好地管理研究工作）以及科学监督和管理的伦理守则"③。

2011 年 11 月，美国弗吉尼亚大学心理学教授布莱恩·诺塞克（Brian Nosek）在 Google Group 创建名为 "开放科学框架"（open science framework）的网络平台，布莱恩·诺塞克认为复制研究对于科学进步有着重要作用，开放科学促进了可重复研究。

2018 年 7 月 17 日，美国国家科学院（NAS）发布题为《开放科学设计：实现 21 世纪科研愿景》的报告，提出 "开放科学设计" 理念和框架，探索或挖掘开放研究资源，使用开放工具与相关研究人员互动合作，可制定和修订科研计划并准备在 FAIR 原则下分享科研成果与工具，研究人员搜索需要了解的论文档案和出版物，并使用其中的数据用于新科研项目的

① 王阳. 重大科研不端案例与美国科研诚信制度的演变及其对中国的启示 [J]. 自然辩证法通讯，2021 (8)：77-84.

② 姚长青，田瑞强. 开放科学中的数据诚信问题研究 [J]. 科技与出版，2019 (1)：130-135.

③ 黄军英. 美国政府在科研诚信体系建设中的作用研究 [J]. 科技管理研究，2018 (12)：254-259.

申请，其中数字数据会被记录在案，经过知识生成、验证和传播后，其研究成果可在 FAIR 档案中存储并被长期访问，尤其是最终经过同行评议的文章需存入可公开访问的档案，其研究数据与软件生成的数据档案提供清晰且持久的链接。开放科学使科研活动的内容和过程更透明，且使他人更易于获取，研究数据的开放使用则有助于增强科研不端行为被发现的概率。

此外，美国非常注重科研诚信教育。1989 年，美国国家科学院出版了《作为一个科学家：正当地进行研究》一书，书中描述了科学行为的道德基础，以及科学家可能会遇到的某些专业事例及两难的境地。该书面向科研工作者发放，并向研究生和本科生发放了约 20 万册。1995 年美国国家科学院、药物研究所和国家工程院联合出版该书第 2 版。美国 Greg Koski 博士在弗吉尼亚大学开设美国负责人的科研行为课程，并在课程相配套的网站（www. scientificintegrity. net）提供了更多资料，供课程的教师和学生们使用。"舍恩事件"后美国将全面普及和加强科研诚信教育作为研究生教育的强制性内容。多所美国高校参与了《负责任研究行为》（responsible conduct research，RCR）培训。如明尼苏达大学为教师、研究人员、研究生开设了 RCR 课程培训，该培训由核心课程和继续教育课程组成，其中，核心课程的课堂研讨包括"一是社会责任、科研不端的基本问题（包括科研和学术活动的历史和价值观介绍）、作者署名、剽窃、同行评议；二是利益冲突、财政责任、知识产权和研究数据管理"[①]。在网络信息时代，相关机构在加强科研诚信教育的同时，还需装备现代化技术手段辅助对科研档案进行鉴定，如美国加州大学建立的专门进行学术剽窃检测服务的网站——Tumitin 网站，能发挥网络举报、查证作用，在一定程度上遏制学术不端行为[②]。"美国高校为应对科研不端行为，大都根据联邦政府提供的法律框架，建立了内部专门机构（多为学术委员会、诚信办公室、研究伦理委员会，由主管学术的副校长全权负责），并结合第三方机构的指导，制定符合自身情况的规范和实施细则"[③]。

---

① 刘军仪. 基于治理视角下的大学科研诚信建设研究：来自美国明尼苏达大学：双城分校的经验 [J]. 科技管理研究，2015（19）：80-83.

② 程娅. 加强科研档案监管 预防高校学术腐败 [J]. 浙江档案，2010（3）：42-43.

③ 张婉宁. 美国科研工作"严监管"网络探析 [J]. 全球科技经济瞭望，2018，33（6）：51-55.

5.3.2 欧洲部分国家科研诚信建设历程和经验借鉴

5.3.2.1 丹麦

丹麦是世界上第一个建立全国统一的科研不端调查机构的国家，早在1992年，丹麦医学研究理事会就设立科研不端委员会（danish committees on scientific dishonest，DCSD），后来划归丹麦研究部（后更名为丹麦科技与创新部，现名高等教育与科学部），负责重大科研不端案件的调查和裁决。丹麦科研不端委员会出台了《研究政策建议法》《研究咨询系统法》《丹麦科研不端委员会执行准则》等一系列法律法规，在制度供给方面为科研不端行为的惩处提供了源头保障。

2014年，丹麦的高等教育与科学部颁布了"丹麦研究诚信行为准则"。丹麦奥胡斯大学（Aarhus University）在2015年制定了《奥胡斯大学负责任研究行为政策》，其中，第二部分"负责任的研究行为"针对"丹麦研究诚信行为准则"中的"科研计划与行为""数据管理""出版与通讯""写作活动""合作研究""利益冲突"六个方面提出了更为细致的要求。其中，对"科研活动中主要材料和数据的存放地、存放时间、数据的删除和使用"提出了专门的管理要求，即"研究得出的所有主要材料和数据应存放在大学，存放期限为项目结束后5年，数据的删除和使用须经主管领导书面同意"①。值得一提的是，奥胡斯大学对于作者署名，作者或合作研究中的共同作者，要求同时满足4点：

"①对论文或著作的整体框架或设计，数据的获取、分析或解释做出重大贡献；

②起草论文或著作，或对其中重要的内容进行批评修订；

③批准最终版本的发表；

④对论文或著作的各个方面负责，确保与论文或著作的完整性相关的问题得到适当调查和解决。"②

丹麦科研不端委员会特别提出，科研机构有开展科研诚信教育的责任。奥胡斯大学积极开展了讲座、授课、演讲等多种形式的科研诚信教育，并引进国际专家团队研发的网络教学平台，帮助学生了解科学研究的价值观和负责任研究的标准，积极预防科研不端行为的发生。

---

① 王飞. 奥胡斯大学科研诚信建设政策与实践 [J]. 科学与社会，2018 (2)：25-35.

② 王飞. 奥胡斯大学科研诚信建设政策与实践 [J]. 科学与社会，2018 (2)：25-35.

5.3.2.2 瑞士

在世界知识产权组织（world intellectual property organization，WIPO）公布的全球创新指数（global innovation index，GII）排名中，瑞士连续九年排名世界第一。瑞士是世界公认的国际科研中心，其强大的科技创新能力与科研不端治理机制密切相关。瑞士没有设立类似于国家科研诚信办公室这样的顶层治理机构，其科研不端治理机制以科学界自我管理为主，瑞士国家科技基金会、各大学、各科研机构根据自身的情况制定相应的规章制度，对科研不端的治理也由科研机构及科研资助机构自行担负。

在科研不端的治理体系建设中，瑞士科学院于2006年成立科研诚信伦理委员会，2007年通过《科研诚信与处理科研不端备忘录》，2008年通过《科学诚信：瑞士科学院章程》，2008年年底结集出版《科研诚信基本原则与程序规则》。《科学诚信：瑞士科学院章程》明确指出科研不端的一些行为，如伪造研究结果：故意地篡改数据，错误地陈述，故意迷惑性地处理研究结果，随意地加权平均数据；没有申明、没有事实依据地剔除数据；不注明数据来源；在规定的保留期限内清除数据、原始资料；拒绝提供数据供资助方合理地审阅等[①]。这些文件都要求各研究部门自我承担科研不端的预防与教育职责，以及科研不端事件的独立调查，在开展调查过程中，要揭开科研不端的真相，科研活动的记录及其形成的科研档案起着至关重要的作用。

5.3.2.3 德国

德国在科研不端治理体系建设中出台了《关于保障良好学术规范的建议》（1997）、《确保良好的科学实践》（1998）、《研究行为规范》（2001，2011）、《确保良好的科学实践备忘录》（2013，2016）等系列政策法规。

早在1992年，德国德意志研究联合会（DFG）就开始尝试进行科研不端处理的探索[②]，1997年，因震惊世界的赫尔曼和布拉赫科研不端案，DFG制定了《关于保障良好学术规范的建议》（见附录），提出了16条建议，要求德国各大学和科研机构树立良好的科学实践规则，建立较为完善的学术不端内部治理机制，包括具有针对性的预防措施、基于学术机构自

---

① 王飞. 瑞士科研不端治理机制及启示 [J]. 长沙理工大学学报（社会科学版），2015（5）：39-43.

② 胡剑. 欧美科研不端行为治理体系研究 [D]. 合肥：中国科学技术大学，2012.

治的监察体系以及从"非正式"到"正式"的分阶段、精细化调查处理程序①。《关于保障良好学术规范的建议》第七条专门列出了"保全和保存原始数据"的建议:作为出版物基础的原始数据,应当在其生成机构持久、可靠地保存 10 年。

2001 年 10 月 26 日,DFG 制定的《研究行为规范》获得通过,《研究行为规范》界定了适用范围、学术不端行为以及对学术不端行为的处理程序,2011 年 7 月 5 日修订。

2013 年,DFG 对《确保良好的科学实践》进行补充修订,出台《确保良好的科学实践备忘录》,指出"原始数据必须至少保留 10 年,保留工作由系所承担,数据使用权归属于研究员个人"②。

除了加强对科研不端行为的治理,德国也非常注重科研诚信教育,DFG 在出台的《关于提倡良好科学实践和处理涉嫌科研不端案件的指南》中要求,各大学应制定相关措施开展有效教育,各院系课程中要设立相应的科研不端行为专题,使大学生与青年科学家具备良好的科学实践规范,以提高预防科学不端行为的敏感性③。

5.3.2.4 英国

英国采取了典型的非政府主导的科研诚信治理体系。英国自 20 世纪末着手治理学术不端行为以来,历经二十多年的发展,形成了以《维护科研诚信协议》为核心的三重治理结构:科研机构支持和监督其科研人员;基金组织引导和监督科研机构;科研诚信办公室和其他辅助组织支持三者活动。通过这三重治理结构,英国构建了以协商为主的多中心治理结构。与美国以政府监管机构处理科研不端行为的模式不同,英国构建了学术机构主导的、以协商为主的多中心治理结构。英国维康基金会关于调查科学不当行为的投诉中,对于调查作了详细说明,"如果有可能,调查不仅检查所有的相关文件,以及所有有关的相关文件,而且还应该核查所有相关数据、实验笔记、计算机档案、其他材料、建议、出版物、书信、备忘录和电话记录等。同被告、原告、任何涉及此指控的人员以及可能与本案有关

---

① 巫锐,姚金菊.德国学术不端问题内部治理机制研究 [J].中国高教研究,2019 (11):61-68.

② 王飞.德国科研不端治理体系的建设的最新进展及启示 [J].中国高校科技,2017 (5):11-14.

③ 王飞.德语国家科研不端治理机制的比较及启示 [J].大连理工大学学报 (社会科学版),2017 (1):164-168.

的其他人员进行面谈。"

5.3.2.5 瑞典

瑞典政府机构中设有中央科研道德委员会（Central Ethical Review Board），虽然是管理机构，但主要对科研不端案例的调查、处理提供建议，调查主要由涉事者所在高校或科研机构进行。瑞典高等教育与科研大臣托比亚斯·克兰兹指出："为科研人员建立诚信档案，以法律法规来惩罚科研失信，是根治学术腐败、规范科研管理的一项必要举措。"① 同时，瑞典政府也高度重视科研诚信制度建设，"瑞典政府对财政资金资助的每个科研项目都制定了操作性很强的具体工作指南，科研项目承担单位必须严格遵循规范"②，重视项目实施监督，研究期满后必须出具科技报告，科技报告由资助项目机构组织独立的专家评审委员会评估。高校科研人员申请项目要编写详细的项目经费预算，支出主要包括薪资、实验室设备、消耗材料、差旅费用、通信交流费用以及管理费用等，项目支出的直接成本与间接成本由课题负责人和承担单位根据实际需要提出③。

5.3.3 日本、韩国科研诚信建设历程和经验借鉴

5.3.3.1 日本

2000 年 11 月发生的日本藤村新一"旧石器遗迹"考古造假事件，引起日本社会对科研不端行为治理的重视。文部科学省、日本学术会议（science council of Japan，代表日本科学界的特别机构）、理化学研究所（RIKEN）、东京大学等机构纷纷制定规制科研不端行为的政策、规则和指南，形成了"由政府引导，以科研机构、学术团体和大学为参与主体的防治体系"④。随着 2012 年之后东京大学分子细胞生物学研究所加藤茂明研究室论文篡改等一系列事件的发生，尤其是 2014 年理化学研究所的小保方晴子学术造假事件，促使日本相关机构进一步修订防止科研不端行为的相关规则。

2003 年，日本学术会议发表了《科学中的不端行为及其防止》的报告，提出从加强研究者的自律、完善伦理规范与科研行动规范、强化伦理

① 高荣伟. 瑞典：为科研人员建诚信档案［J］. 中国信用，2017（12）：120-121.
② 王纬超. 瑞典科技监督与诚信建设对我国的借鉴作用［J］. 北京教育，2019（5）：61-64.
③ 高荣伟. 瑞典：为科研人员建诚信档案［J］. 中国信用，2017（12）：120-121.
④ 王丹，张雪娇. 日本科研不端行为治理体系探析［J］. 重庆高教研究，2016（5）：38-44.

教育等方面加强学术不端行为的事前规制，从设置调查机关、公开调查过程和结果、加强对不端行为及机构的处分等方面加强事后处理。2006年，日本学术会议发布了《日本科研工作者行为准则》（见本章材料2），进一步明确了各学科领域均需遵守的11项基本伦理原则，2013年再次修订后，伦理原则从11项增加到14项。其中，第5条明确提出在科研过程中"应始终秉持诚信态度，确保彻底而严肃地记录和存储研究数据，杜绝捏造、篡改、剽窃等行为，同时反对帮助或支持科研不端行为。"

而作为日本教育、文化和科学技术等领域主管机关的日本文部科学省，于2006年8月8日颁布《科研不端行为的应对指南》，对典型的不端行为进行了定义，为各机构提供了制定有关科研不端行为处理规则应遵守的准则，具体规则交由各机构自行制定。2014年，日本文部科学省发布了《有关科研不端行为的应对事项的指南》，在强化研究者学术自律的前提下，明确了科研机构对于学术不端的预防措施和处理责任等管理职责，以此来指导日本高校制定应对学术不端行为的规章制度。《有关科研不端行为的应对事项的指南》第2节规定了两项具体措施，其中在形成抑制不端行为的良好环境中，分别对研究机构、大学和资助机构提出科研伦理教育要求，要求研究机构确立"研究伦理教育责任者"等必要制度以及定期开展科学研究伦理教育，各大学应结合相关专业对学生做好伦理教育，而资助机构要依靠其管理的竞争性资金对开展研究活动的所有人员进行科研伦理教育，特别要求"研究机构应保存研究人员在一定期间内的研究数据和资料，并履行必要情况下的公示义务，确保适当和有效地运用研究数据和资料"①。"2015年4月，日本文部科学省设置了科研诚信推进室，下设科研诚信活动推进专家委员会，具体负责推动、指导、检查、跟进科研机构学术不端治理。"②

日本东京大学和各科研机构也出台了一系列举措，科研机构中的理化学研究所（RIKEN）于2004年12月颁布并实施了《应对科研不端的基本政策》，2012年修改了篡改和抄袭的定义，细化了调查程序。东京大学2006年制定了《东京大学科学研究行动规范委员会规则》，2016年对学术不端行为，从原来的研究成果及作成报告的过程中，扩展到所有研究活

---

① 张兴伟，王国骞，郑永和. 日本《关于应对科研不端行为指南》的经验与启示 [J]. 中国科学基金，2016（3）：250-254.

② 李珊. 日本如何强化科研机构治理学术不端责任 [N]. 中国教育报，2021-12-09（9）.

动，增加了捏造、抄袭、篡改的定义，指出篡改是指"通过对研究资料、样品、器材、过程附加操作、改变或省略数据、研究成果，把研究成果加工成不是真正的东西"，抄袭是指"没有适当地引用标记就使用他人的想法、工作内容、研究结果、或文章"，对学术不端行为的列举增添了事项。日本通过防治结合，逐步确立了研究者自律、科研机构预防的防治结合措施，并加强了对科研工作者的诚信教育和管理责任。

5.3.3.2 韩国

韩国"黄禹锡事件"曾引发韩国科学界及社会各界对科研诚信的广泛关注。2007年，韩国教育部率先发布了《科研伦理保障准则》，许多大学在准则指导下成立了科研伦理委员会，并制定相关制度。其后，韩国教育部和韩国研究基金会资助建立起以大学为中心的科研伦理共同体——韩国大学科研伦理委员会，每年定期举办四期研讨会，覆盖全国120所高校，共同促进韩国科研伦理系统建设。韩国还不断更新修订科研诚信相关法律，截至2017年年底，韩国《生命伦理安全法》已经修订达15次之多，韩国《科学技术基本法》修订了29次，韩国《学术振兴法》修订了18次。目前，韩国构建了人文社科、理工科、生物医学、文化艺术四大领域的多学科层级的科研诚信治理格局，充分考虑到不同学科特点的差异化分层治理模式，针对学科特征，对科研失信行为实现了个性化监管和处置，从而有效地开展了专业化的科研诚信教育。韩国特别重视科研伦理教育，从中小学就开始科研诚信教育，并利用网络课程扩大影响力①。

5.4 国外科研档案管理的借鉴与启示

通过研究国外科研档案管理和科研诚信治理方面的经验，可以看出：国外全球创新指数排名位列前端的国家，坚持自律与管理并重，一手抓科研诚信的防治体系建设，加强科研活动的监管，重视科研诚信教育与科研诚信制度建设，促使科研人员将科研诚信内化为道德行为习惯，养成负责任的科研行为规范；一手抓惩治体系建设，并不断从法律法规层面加强科研诚信建设。在科研诚信制度建设上，这些国家则遵循"挑战—回应"的

---

① 李友轩，赵勇."黄禹锡事件"后韩国科研诚信的治理特征与启示［J］. 科学与社会，2018（2）：10-24.

框架模式，在发生重大科研不端事件后加强制度建设，并高度重视制度实施的有效性和可操作性。而在具体措施中，尤其是进入计算机和网络时代，各国都对科研活动中的研究记录和研究数据提出了相应要求，这是对科研不端行为调查取证的重要保证，也是科研诚信行为的最好证明。具体来说：

一是注重科研记录的规范性。科研诚信和科研不端治理等相关制度中对于科学记录的保存有着细致的规范和保存要求，根据科研项目的生命周期对各阶段科研数据和科学记录进行保存，同时注重将科研档案工作前置，规定了科研团队中不同角色的科研责任和社会责任，在科研档案形成之前，就对科研记录保存人员提前进行专业训练，保证科研档案的完整性，同时对数据的保存与保留期限也有明确的要求。因此，科研文件和科学数据有效归档的完整性和系统性，就成为科研活动规范化、信息化建设的有机组成部分，科研文件的规范化管理和科研档案的开放利用，被纳入基于证据的科研诚信建设的治理体系中，保证了后期科研不端案例调查取证工作的顺利进行。

二是发挥科研档案管理规范性要求，加强科研诚信建设前端控制。遵循防重于惩，加强科研伦理、道德标准以及科研档案管理要求，在大学和科研机构开设科研诚信课程、科研不端治理讲座，普及科研档案有关规定，使大学生和科研人员深入了解论文署名、同行评议、师生责任、合作研究中的共享保存与所有权等知识，增强其科研诚信的敏感性，引导大学生和科研人员恪守科学研究行为规范，完全理解并消化、转化为内在的价值观，自觉维护科研诚信。

三是完善以档案为依据的科研不端治理体系。无论是政府机构，还是大学和科研机构，都有着明确的科研诚信行为规范，有严格处理科学领域不端（或不正当）行为的程序、法律规范，投诉和诉讼程序，以及处理涉嫌科研不端行为的实践操作指南等。科研诚信管理机构应把科研档案作为重要凭据，按图索骥，细化举报、受理、调查、认定等流程，做到调查公平公正。

四是营造良好、负责任的科研工作环境。其一，注重制定和实施科研活动的相关准则规范，从制度层面对科研人员的行为进行规范和约束，加强对学生和科研人员的引导，形成一个开放合作的科研文化共识：铭记科研道德、做好指导建议和倡导集体责任①。其二，高校可利用校园网开辟舆论监督板块。如国内学术界建立的一些学术监督网站：学术批评网、新语丝网、学术中华网等，对学术不端行为进行举报、曝光。其三，建立国家级和省级的独立科研诚信管理及案件调查机构，对经调查确认存在学术不端行为的人员从严处理，公开惩治。其四，加强基层机构自治，在国家完善相关政策法规的基础上，各科研单位应制定切实可行的科研管理制度和科研人员行为规范，并加大对学术不端行为的查处力度。

材料 1：德意志研究联合会（DFG）《关于保障良好学术规范的建议》

1997 年，一起引发德国国内外广泛关注的科研不端事件使德意志研究联合会（DFG）执行董事会成立了一个国际性的委员会，由 DFG 主席担任委员会主席，主要完成以下任务：①探究科学体系中出现不诚实行为的原因；②探讨预防措施；③考察科学研究中现有的专业性自我管理机制，并就如何保障这些机制运行提出建议。该委员会 1997 年 12 月完成了《关于保障良好学术规范的建议》，提出"关于科学研究中专业性自我规范的建议做法"（Recommendations of the commission on professional self regulation in science），共 16 条。1998 年 6 月 17 日，DFG 大会通过决议，规定接受 DFG 资助者必须遵守《关于保障良好学术规范的建议》；准备申请 DFG 资金的大学和其他研究机构，必须根据其中的 1~8 条建议，制定相关规定。

建议 1：良好科学行为规范应当包括关于以下问题的原则（总的原则以及在需要时分领域制定的详细原则）。

科学工作中的基本原则，例如：

——遵守专业性准则；

——记录结果；

——坚持对自己的研究结果提出疑问；

——诚实对待合作者、竞争者和前人的贡献。

建议 2：大学和独立研究机构应当在有其学术研究成员参与的讨论与决策过程中，形成良好的科学行为规范。每个机构的每名成员均应知晓这些规范，并受其约束。这些规范应成为教学大纲和对年轻科学家和学者进行教育的一部分。

---

① 叶青，杨树启，张月红. 科研诚信是全球永远的课题：科研管理与学术出版的诚信环境[J]. 中国科技期刊研究，2015（10）：1040-1045.

建议3：大学和科研机构的负责人有责任建立适当的组织结构。必须明确科研机构在指导、监督、冲突解决和质量保证方面的责任，并且能够检验这些责任是否得到有效的履行。

建议4：需要特别关注年轻科学家和学者的教育和发展。大学和研究机构应当针对他们制定指导标准，并使这些标准对科学工作单位的负责人有约束力。

建议5：大学和研究机构应当任命独立的调停者，其成员在遇到冲突时，包括发现可疑的科学不端行为时可向这些调停者反映。

建议6：大学和研究机构在其绩效评估标准中，应当总是将原创性和质量标准置于数量标准之上。此建议适用于职称晋升、人员聘用以及资源分配。

建议7：作为出版物基础的原始数据，应当在其生成机构持久可靠地保存10年。

建议8：大学和科研机构应当建立处理科学不端行为举报的程序。这些程序必须得到负责的法人团体的批准。考虑到相关的法律规定，包括处罚措施方面的法律，在有关程序中应当包括以下要素：

——严重偏离良好科学行为规范并被视为科学不端行为的定义，如伪造和篡改数据、剽窃或违反了作为审稿人和上级领导的保密规定；

——管辖范围、程序规定（包括举证责任方面的规定）以及为查明事实所进行的初步核查和正式调查的时间期限；

——需要留意和慎重对待的相关方的权利以及排除利益冲突的规定；

——根据被证实的不端行为的严重性确定的制裁措施；

——处罚措施决定权的确定。

建议9：强烈建议那些独立于大学而又不是某个较大机构的法定组成部分的研究机构制定自己的一般规定，尤其要制定处理科学不端行为举报的程序。

建议10：专业学会应当为其工作领域制定并公布良好科学行为的规范原则，这些原则对其成员有约束力。

建议11：科学出版物的作者要对出版物的内容负责。所谓的"名誉作者"是不可接受的。

建议12：科学期刊应当在作者指南中明确规定，作者要承诺在其所提交论文的原创性和署名权方面遵循最佳的国际规范。所提交论文手稿的审稿人有责任尊重保密性和披露利益冲突。

建议 13：科研资助机构应当依照其各自的法律地位发布清晰的指南，规定研究立项报告中需要提供的信息：①申请者此前的工作；②与申请相关的其他工作和信息。指南还应指出不实陈述的后果。

建议 14：在关于资助经费使用的规定中，项目负责人应当有义务坚持良好的科学行为。当大学或研究机构是唯一或共同被资助者时，它们必须制定良好的科学行为规范以及处理科学不端行为举报的程序。

建议 15：资助机构应当要求评审者对提交给他们的建议书保密，并披露利益冲突。资助机构应当明确规定评审者采用的标准。科学信息的定量指标，如所谓的影响因子，不应作为资助决定的基础。

建议 16：德国科学基金会应当以调查专员的形式任命一位独立的权威专家（或一个小型委员会），并为其履行职责提供必要的资源。其任务是为那些对良好科学行为和由于科学不诚实行为而给其造成损害方面有疑问的科学家和学者提供咨询和帮助，并就其工作提交一份年度公开报告。

材料 2：日本科研工作者行为准则

科学是在理性和经验确证的基础上逐步建立起来的知识体系，是人类共有的极其重要的财富。科学研究则是大胆地向未知领域发起挑战，以创造新知识的行为。

科学和科学研究属社会共有，也因社会的发展而存续。因而，基于科学自由和科学家主观判断的研究活动，只有在得到公众的信赖和委托后才会得到社会认同。这里涉及的"科学家"，涵盖了人文、社会和自然科学领域的各类机构中，创造新知识或运用科学知识的研究人员和专业人员。

担负创造知识责任的科学家，在学术自由的前提下，享有依照自己的推理探索真理的特权。同时，作为专家，他们也担负着回馈社会的重大责任。特别是在现代社会中，科学活动及其成果对人类有着深远的影响，这要求科学家应对其行为进行伦理考量。因而，为保证科学进步能够持续推进人类社会的发展，科学家们应树立伦理准则以严格控制自己的行为，同时积极履行自身的社会责任，自觉建设和维护科学与社会间的良好关系。科学家的伦理建设应使得社会能够理解科学，能够与科学进行对话。

在具备以上基本认识的前提下，日本学术会议（SCJ）制定了相应的行为规范，该规范以科学家自律及各学术领域均需遵守的基本伦理原则为指导，用以保障科学研究的质量，保证社会对科学家个人和科学共同体的信赖和尊重。其具体内容如下：

1. 科学家的责任

科学家应认识到，其有责任保证自己所创造的专业知识和技术性行为的质量，并利用其专业知识、技能和经验增进人类的健康和福祉，维护社会的安全和安宁，保障全球环境的可持续发展。

2. 科学家的行为

科学家应认识到，科学的自治建立在社会的信赖和委托（mandate）基础上，因此应当正直、诚实地开展研究工作。此外，科学家应尽最大努力，科学客观地展示准确可靠的知识，并积极参与同行评议等活动，特别是在自己的专业领域内进行交互评审，以保障研究成果的可靠性。

3. 业务钻研

科学家在努力维持和提高自己专业知识、能力和技艺的同时，应从更广的角度，深入理解科学、技术、社会和环境之间的关系，从而给出最佳的判断和看法。

4. 诠释和公开

科学家应主动公开并诠释其所从事的研究的作用和意义，评估研究结果可能对人类、社会和环境造成的影响及引起的变化，中立而客观地公布评估结果，促进科学与社会之间的建设性对话。

5. 研究活动

科学家在立项、计划、申请、实施、报告的研究过程中，应始终秉持诚信态度，确保彻底而严肃地记录和存储研究数据，杜绝捏造、篡改、剽窃等行为，同时反对帮助或支持科研不端行为。

6. 营建健康的科研环境

科学家应认识到，建立和维持公平的科研环境、保证负责任的研究行为是他们的重要职责。科学家应积极改善科学共同体和自身所在机构的研究环境。为实现这一目标，他们还应寻求公众的理解与合作。

7. 遵守法令规章

科学家在开展研究、使用经费等活动中，应遵守所有法律、规章和相关规定。

8. 关心研究对象

科学家应尊重协助研究者的人格和权利，保障受试者的福利并提供适当的报酬，并对动物等其他研究对象给予应有的照料和尊重。

9. 与他人关系

科学家对他人的研究成果应持建设性的批判态度，虚心接受他人的批评意见，并保持真挚的态度与他人交换看法。此外，科学家应正当评价他人的成果和业绩，尊重他人的名誉和知识产权。

10. 避免歧视

作为科学家，在研究、教育和学术团体活动中，应在科学的基础上平等对待他人，尊重他人的自由和人格，避免因种族、性别、地位、信仰或宗教等因素引起的歧视。

11. 避免利益冲突

在研究、审查、评价、判断等科学活动中，科学家应当充分注意个人和组织、组织和组织之间的利益冲突，并重视解决公众利益所面对的问题。

6 建设全流程可追踪的科研档案管理的策略——以高校为例

科研档案管理是服务科技创新的重要支撑，也是科研诚信体系运行的基础。高校作为科研和创新的重要阵地，在科研诚信建设与科研档案管理方面承担着重要使命。通过深入调研科研诚信建设与科研档案管理的现状，以及对国外先进经验的思考和分析，我们深刻认识到，科研档案管理工作需要与时俱进，更新思想观念，加强顶层设计和制度建设，构建多方合作机制，实现科研档案管理模式的转变，为科研诚信建设提供坚实支撑。

6.1 建构科研档案管理的多方协同机制

6.1.1 建构工作协同机制

根据《科学技术研究档案管理规定》，科研档案"按照国家档案工作统一领导、分级管理的原则"进行，"地方科技主管部门（机构）会同档案主管部门对本区域内科研档案工作实行监督和指导。"① "各单位档案管理部门集中统一管理本单位科研档案，对本单位科研文件材料的归档工作进行监督和指导，协助科研人员做好科研文件材料收集、整理、归档及科研项目结题验收等工作。"②

高校科研档案管理是一项综合性工作，构建纵向（校内外）与横向（跨部门）协作机制尤为重要。纵向协作涉及档案行政管理部门、科研项

---

① 国家档案局. 科学技术研究档案管理规定 [N]. 中国档案报，2020-10-29（01）.
② 国家档案局. 科学技术研究档案管理规定 [N]. 中国档案报，2020-10-29（01）.

目管理部门、高校档案管理部门、科研管理部门，横向协作则涵盖高校的档案管理部门、科研管理及科研诚信管理部门、财务以及信息技术管理部门等多部门。同时，档案管理部门、科研管理部门与相关学院及科研团队的纵向协作也不可或缺。

在科研诚信建设的大背景下，科研档案的重要性愈发凸显。科研档案不仅记录科研项目的全过程，更是科研诚信的重要载体，其完整、准确与否直接关系到科研诚信的监督与维护的效果。高校科研档案工作应建立统一领导、多方协同的管理机制，成立档案领导小组，成员包括校领导、档案管理部门、科研管理部门、诚信管理部门、财务处、信息技术部门和学院。通过协同机制，档案管理部门可在科研文件材料收集、整理、归档过程中，与科研诚信管理部门紧密配合，对涉及科研诚信的关键信息进行重点关注与记录，如实验数据的原始记录、研究过程中的关键节点等，为后续科研诚信审查提供翔实的档案依据。多方协同机制的建立，不仅为后续制度完善和技术应用奠定了基础，更为科研诚信建设提供了强有力的支撑，确保科研活动在诚信的轨道上健康发展。

6.1.2 强化责任意识与明晰管理职责

在科研档案管理体系中，强化责任意识与明晰管理职责是确保科研档案工作有效开展，支撑科研诚信建设的关键环节。

科研档案承载着科研活动全过程的信息，是科研创新的重要支撑，也是科学精神传承的文化载体。相关部门需从这一高度深刻认识科研档案管理的重要性，增强依法归档的责任意识。按照"统一领导、分级管理"原则，各部门应明确自身职责：档案管理部门负责档案的统筹管理；科研管理部门承担科研项目管理职责；科研诚信管理部门履行监督责任；科研项目承担人作为科研档案和科研诚信的第一责任主体，需确保科研活动的真实性与档案资料的完整性。科研档案管理应全面融入科研计划、项目管理、成果管理以及科研诚信监督体系，通过多方协同工作机制，实现统一联动、合力运行，保障科研档案的全过程管理，确保档案收集工作有序推进，确保科研档案完整、准确、可用、安全。

在管理职责的明晰上，纵向管理至关重要。向上协同方面，高校档案管理需接受政府档案管理部门的指导，科研项目需遵循国家和省级科研项目管理部门的要求，科研诚信建设要明确管理主体，高校作为责任主体应积极与主管部门对接，定期召开协调工作会，引导科研人员开展负责任的科研活动，为科技自立自强提供有力支撑。向下协同则需明确科研项目全流程的文件材料归档范围与管理责任主体。针对项目不同阶段，高校应构建清晰的文件归档范围体系和文件管理责任体系。档案馆应与科研项目承担院系、科研人员紧密合作，推行科研工作与建档工作同步推进的管理模式。院系等承担单位需依据科研与档案管理部门要求，做好沟通协调工作，委派专人负责档案事务，落实各项具体要求。

科研项目负责人应将科研档案纳入科研计划，作为科研项目重要组成部分，严格审核归档科研文件材料的真实性、完整性、准确性与系统性，指定专人负责文件材料的收集与整理。项目组要主动与科研和档案管理部门对接，合理安排工作，尤其要加强重要节点科研档案的收集整理工作，既为科研项目推进提供支持，也便于结题验收后及时归档。科研项目参与人员负责积累项目实施过程中的文件材料，确保归档文件齐全完整、真实准确，及时将有保存价值的业务文件移交档案工作人员进行整理归档①。科研文件材料动向图见图 6-1 所示。

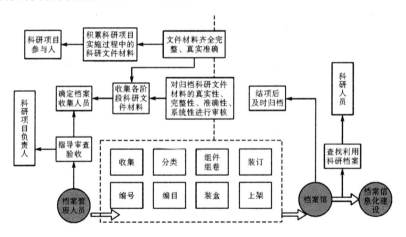

图 6-1　科研文件材料动向图

6.1.3　建立业务监督指导机制

在科研档案管理体系中，建立科学有效的业务监督指导机制是保障科

---

①　国家档案局. 科学技术研究档案管理规定 [N]. 中国档案报，2020-10-29 (01).

研档案质量、推动科研诚信建设的重要支撑。同级部门间的横向协同是这一机制的关键组成部分。高校档案部门与科研部门的科研档案管理与职责见图6-2。

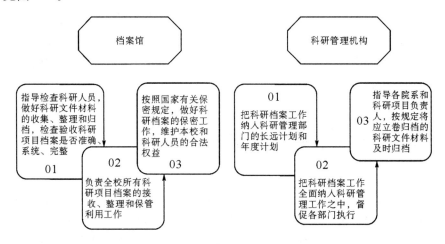

图6-2　高校档案部门与科研部门的科研档案管理与职责

为促进科研项目档案的规范化建设，科研管理部门需深度融合科研档案管理与科研项目管理，将科研文件材料的形成与归档工作切实纳入科研人员的工作计划。此举能够从源头上保障科研档案的完整性与系统性，使科研档案管理贯穿科研项目的全生命周期。

档案馆作为档案管理的专业机构，应强化对科研文件材料归档工作的规范化、精细化操作指导，从科研项目的起始阶段便介入，对科研项目文件材料及科研电子文件实施档案化管理，确保档案管理与科研工作同步启动、同步推进。在项目结项阶段，要强化档案馆盖章的约束机制，严格把控课题结题、报奖等关键环节的档案审核，落实"三纳入""四参加""四同步"原则，保障科研档案的质量与合规性。

科研管理机构应摒弃"重项目申报立项，轻科研过程管理"的传统观念，树立全过程管理意识，加强对科研项目实施过程的监督与管理。档案部门也要转变"给多少收多少"的被动理念，积极主动地参与到科研档案管理工作中，切实履行自身的管理职责，双方共同构建起科研档案管理的良好生态。

此外，档案馆还要加强与高校信息技术部门和保密部门的协同合作。信息技术部门的核心任务是指导科研项目电子文档的存档规范，开发并维护科研电子档案系统，为科研电子文件的存档及管理提供专业的技术支持，确保电子档案的长期可读性与安全性。保密部门则要严格把控涉密科研文件材料的归档工作以及科研档案的保密管理，保障科研信息安全。各部门之间应积极开展沟通与交流，明确在科研档案归档工作中的权利、责任、时限及具体要求，构建起档案馆、科研管理部门、科研诚信管理部门、学院之间的四维联动机制，形成科研档案管理的强大合力，共同推动科研档案管理工作的高质量发展。

6.2　建立健全科研档案管理相关制度

制度是治理体系的根基，对于科研档案管理而言，完善的制度体系至关重要。从调研现状来看，当前归档的科研档案多集中于课题申请书、任务书、合同书以及部分成果材料、结题报告等科研管理类文件，而科学研究中大量的过程性文件、数据类等核心文件仍散落在科研人员手中。这些文件若不能有效归档保存，便难以在科研诚信追溯、科技创新支持以及科学精神传承等方面发挥作用。同时，科研档案管理中存在的重保管轻利用现象，也对科研信息的开放共享需求形成了制约。

基于上述问题，我们应积极贯彻《中华人民共和国档案法》，严格落实《科学技术研究档案管理规定》以及《科学技术研究项目档案管理规范》的要求，并结合高校实际情况，健全和完善科研档案专项管理制度及相关办法，以制度建设推动科研档案管理工作的高质量发展。

6.2.1　健全科研档案规范管理制度

一是制定标准化管理方案。各高校应结合自身学科特点，依据《科学技术研究档案管理规定》与《科学技术研究项目档案管理规范》的要求，制定科研项目档案管理方案。在方案中明确实施标准化管理的具体细则，实现科研档案管理的规范化与科学化。例如，在科研档案的收集、汇总方面，《科学技术研究项目档案管理规范》附录针对科研档案各个阶段的表格，如"案卷封面、卷内目录、卷内备考表、案卷目录、档号章、案卷盒脊背、档案交接登记表、科研档案销毁清册、科研档案利用效果登记表"等，都给出了标准式样。各高校档案馆需对照该标准，自 2023 年 12 月 1

日《科学技术研究项目档案管理规范》实施之日起，尽快在科研项目档案管理中落实相关要求，确保档案管理的规范性与一致性。

二是完善科研档案移交制度。科研档案的及时归档一直是管理工作中的难点。为此，各高校应制定科学合理、切实可行的科研档案移交制度，如科研档案移交清单、科研档案规范归档实施办法等，明确要求科研电子文件归档与科研项目验收同步完成。在科研项目完成后，由科研项目负责人按照科研立项部门的相关规定，整理科研项目验收材料。档案管理人员需严格把关，只有通过科研档案检查验收的项目方可结项，以此提高科研文件和科研电子文件的归档率，确保科研档案的完整性与及时性，为科研诚信追溯提供翔实的资料支撑。

三是建立档案归档考核与激励机制。各高校应将档案归档工作纳入部门及人员的绩效评价与年终考核体系，依据考核指标对各学院的科研档案归档情况进行考核，这是推动档案工作发展的重要举措。例如，西南财经大学在实施部门立卷后将其纳入学校考核，显著提升了各个学院中心及部门在归档工作中的主动性和积极性。此外，还应充分发挥激励作用，定期对本单位及全校各部门的档案管理人员进行综合考评，评选先进个人并发放奖励金，从物质和精神两方面给予激励，提高档案工作人员的管理效能，进一步推动科研档案管理工作的顺利开展。

6.2.2 建立促进科研档案开发利用共享配套制度

高校在实现科研档案标准化管理的同时，做好知识产权管理与保密工作至关重要。尤其是针对部分涉密及重要科技成果档案，必须建立严格的保密制度，明确传播范围，确保涉密档案的安全性和保密性。信息系统、信息设备和存储设备等也属于科研保密管理的重点内容。

对于参与涉密科研工作的人员，需进行全过程管理。针对不同类型的科研人员，如直接参与涉密项目的负责人和研究生、参与涉密项目的非涉密人员等，应区分管理重点和要点，实施针对性的保密管理。在高校涉密科研活动中，涉密载体涵盖"应用模型、学术论文、咨询报告、建议、方案、规划等，也可以是技术专利、计算机软件、新程序或者是科研新理论、新方法及其科研设计、新产品的工艺流程、图表、数据等"[1]，这些均

---

[1] 崔淑妮. 高等学校科研保密管理体系建设 [M]. 北京：清华大学出版社，2019：121.

为科研项目资料归档的内容。可根据纸介质涉密载体、光介质涉密载体、电磁介质涉密载体的特点，做好科研涉密档案的收集和入库工作。

在涉密科研档案的查询利用方面，要做到"利用有规定，管理有措施"。查阅已归档的涉密科研档案，必须严格遵循相关制度，借阅涉密档案不得擅自留存、抄录和复印。例如，电子科技大学每年承担多个涉密的国家部委课题，借阅人员在档案归档完整及时的基础上，对于涉密科研档案的查询利用，需填写涉密档案利用申请表，经档案负责人（一般为项目负责人）同意及所在单位保密负责人审批后，方可到学校涉密科研档案管理部门借阅。

除涉密科研档案外，对于非涉密科研档案，高校可"依照经费来源确定档案归属，财政经费支持的科研档案归属国家"①。针对此类档案，可在单位内部进行共享密级划控，划分为"可以共享，内部共享、内部一定范围共享、经审批共享和不可共享"②五个层次，为科研人员的研究参考提供支持。同时，制定科研档案借用管理制度，在科研人员职称申报、科技评奖等借用档案时，确保能够快速获取档案资料，并督促借阅人员在规定期限内归还所借档案资料，促进科研档案管理工作的科学化发展，提升科研档案的利用价值，为科研创新与科研诚信建设提供有力支持。

6.3　加强科研档案数字化转型

科研档案工作的数字化转型已成为不可阻挡的大趋势。数字转型背景下的科研文件管理正经历着从传统纸质模式向电子文件信息管理主导模式的转变。这种转变涵盖了文件从形成到保存的整个生命周期，对于提升科研管理效率和资源利用具有重要意义。为顺应这一趋势，高校应坚定推进科研档案数字化转型，积极落实国家档案馆"存量数字化、增量电子化"的要求，将科研档案信息化视为提升科研档案管理水平的关键突破口，全面完善科研档案数据库建设，大力推动科研档案和科学数据的协同管理，加速档案数字资源建设进程，搭建科研诚信决策支持平台，并积极探索区块链等技术在科研档案管理中的创新应用。

---

① 蔡盈芳.加强科研档案的开放共享和深度开发工作［J］中国档案，2021（8）：44-45.
② 蔡盈芳.加强科研档案的开放共享和深度开发工作［J］.中国档案，2021（8）：44-45.

6.3.1 推进科研档案数据建设

一是规范科研电子文件归档流程。档案工作人员需将科研档案收集的关口前移，摒弃以往项目完成后"给多少收多少"的被动局面，依据"对实证研究结论的必要性、可公开获取的可能性、用于开展新科学研究项目的可能性"这三个维度，科学确定科研文件和数据的归档标准，加强归档业务环节管理，有效解决档案工作滞后的问题，实现档案工作的前置化。在硬件建设方面，高校要大力加强档案信息化体系建设，建立档案管理系统与科研项目管理系统以及其他相关业务系统的有效衔接，确保接口具备数据封装、运输、检测、反馈、标记等基本功能。同时，强化电子档案存储设施以及电子档案异地异质备份设施建设，全力保障科研电子档案的安全。高校必须提升对电子文档管理的规范性，强化电子文档元数据的标准化，并对电子文档管理过程中所使用的电子签名和电子印章制定具体规则。针对科研管理部门的兼职档案员，高校应加强加大培训力度，加速推进部门立卷工作，确保文件生命周期中各个阶段所形成的文件（档案）应收尽收，并做到及时、准确收集，严格按照《电子文件归档与电子档案管理规范》（GB/T 18894）进行整理。高校还应积极落实《科学技术研究档案管理规定》第 18 条要求，符合条件的单位，可依据国家电子文件归档要求，设置科研电子文件归档管理功能或接口，探索科研电子文件的单套制归档保存模式，科学规范地开展科研项目电子文件的归档工作，切实保障电子档案的真实性、完整性、可用性与安全性。

二是加速数字档案馆建设步伐。数字档案馆建设是科研档案数字转型的重要基础，高校应全面加强数字档案馆和院系数字档案室建设，同步推进移交接收系统、知识服务系统、"四性"（真实性、完整性、可用性、安全性）检测模块等数字系统建设。目前，各档案馆已经在积极推进数字档案馆建设，大力实施档案数字化和信息化工程，积极开展科研档案中纸质档案的数字化工作，大力推动传统载体科研档案的数字化进程。为适应大数据时代需求，加快科研档案的开放利用，高校应着力推动科研档案信息化、专业化和系统化建设，实现从以科研档案实体保管为重点，向服务科技创新发展和科研诚信建设需求的转变。在确保数据安全的前提下，高校还应加快建设"档案数据中心平台"，构建集成全校所有应用系统的信息资源库系统，将分散的高校数字档案管理系统、科研管理系统、OA 协同办公系统、部门预立卷系统、图书馆文库等整合起来，打造科研档案特色资源数据库以及科研信息资源共享平台，有效改变各科研院所、单位及部门科研档案材料分散的现状。

三是强化科研档案数据库的建设、管理与开放。高校应组建专业化建设团队，集中档案学、情报学、信息管理、计算机技术、教育技术等领域的专业人才，加强档案数据库建设。借助先进的信息技术手段，持续提升档案系统的安全保障能力，做好科研数据的移交、存储与管理工作，同时优化科研档案的检索和利用功能，支持跨平台科研档案检索服务，助力科研数据的开放与获取，实现不同平台之间科研档案数据的共建共享。加强对科研项目和档案的全过程跟踪管理，为科研诚信审核筑牢基础，提高科研资源的利用率，避免重复研究。通过科研档案的数字升级，提升科研档案的使用能效，促进科研档案的透明化，增加科研不端行为被发现的概率，形成对科研不端行为的有效震慑和防范，有力推动科研诚信建设。

6.3.2 搭建科研诚信决策支持平台

加强科研诚信信息共享，规范科研诚信信息管理，将有利于科研活动全流程诚信管理，也为科研诚信制度化建设提供了坚实保障。

一是促进科研档案信息系统与科研诚信平台深度融合。高校应将大数据技术引入科研档案管理过程，大力推动科研档案信息化、专业化和系统化建设。一方面，在传统基础设施建设的基础上，充分运用互联网、云技术，推动科研项目数字化、信息化、编码化，实现对科研项目和档案的全过程跟踪管理。完善科研档案全生命周期管理平台，实现科研档案数字化、可视化与科研诚信信息平台的无缝对接，提高科研档案利用效率和效果。在此过程中，可采用知识图谱、知识地图模式串联数字化档案资源。不同研究领域的科研档案在知识地图中理论上呈平行关系，若存在交叉学科研究，则会通过共同的交叉点相互串联，形成一个高度概括系统资源的知识平面。同一领域内不同研究方向也存在平行与交叉关系，每个方向延伸出不同研究点，与大量档案材料相连，共同构成系统资源的知识地图，直观展现资源结构，便于资源查找与管理。另一方面，在明确知识产权的基础上，积极探索与中国知网、维普等数字平台合作，为科研档案的编研工作夯实基础，同步推进科研诚信的信息化建设。

二是构建科研诚信决策平台的智能化决策预测机制。高校应运用数据挖掘、神经网络、朴素贝叶斯等常用人工智能技术手段，为科研诚信决策平台提供强大的技术支持，建立科学合理的关联预测机制。通过分析档案利用者的查档利用规律，采用 APRIORI 等关联算法找出频繁项集，在满足置信度和可信度的基础上抽取出关联规则集，为利用者提供智能化推荐服务，帮助其更快找到所需材料。将神经网络、贝叶斯等智能决策算法内嵌到平台中，利用神经网络智能化输出决策结果，避免主观臆断。需要决策判断的材料与系统中的相关材料形成具有一定权重的多元线性关系，高校可以据此训练出预测、判断模型。神经网络的输入层为经过数字化、扁平化处理的待判断材料及相关科研档案材料等，中间层利用关联梯度下降函数、激励函数等判断材料耦合度，经过不断实践训练提高预测、判断准确度，形成成熟的中间模型，输出层则给出最终的决策判断结果，实现完全智能化、无人工干预的决策判断过程，提高判断准确率和可信度。除神经网络外，高校还可运用线性回归（logistic、时间序列、多元线性）、朴素贝叶斯等算法进行预测判断。

6.3.3　探索科研档案区块链技术应用

区块链是分布式数据存储、点对点传输、共识机制、加密算法等计算机技术在互联网时代的创新应用模式，区块链"去中心化、数据溯源、高安全性的优势能够满足科研诚信管理制度对信息汇总、系统监督、差异化奖惩的要求。"[①]。对高校电子科研档案的有效管理、科研诚信保护以及高校档案管理方式创新具有重要促进作用。

保障科研档案信息安全。档案信息化实现了档案管理手段的现代化，但信息系统、信息设备和存储设备也带来了科研档案的泄密隐患。区块链技术采用公钥和私钥一对密钥，结合哈希算法和非对称加密算法对电子档案数据进行保密处理，有效解决了档案信息利用过程中的失密泄密问题，加强了高校电子科研档案的涉密管理，切实保障科研档案的信息安全。

助力科研诚信审核。科研档案产生于科研项目的全过程，由于科研项目开展的复杂性、立卷主体的多样性以及科研周期的不确定性，档案管理部门难以验证档案信息的真实性，也难以及时了解科研活动的实时动态，这给科研诚信审核增加了难度。区块链技术能够全面记录科研行为的相关

---

① 闫晴. 区块链赋能科研诚信管理的理论证成与制度创新 [J]. 科技进步与对策, 2021（23）: 113-120.

数据，区块链技术的时间戳特性，有效解决了档案信息防伪与数据追踪难题，区块链"所有文件的真实性维护任务绑定在一起，通过非对称加密机制签名，打上时间戳，计算哈希值，防止了事后造假、抵赖和篡改。"① 科研档案全过程记录一旦登记进区块链，原有记录就不会被覆盖，科研诚信监管部门可通过区块链追溯整个科研活动过程，为科研诚信审核提供有力支持。

优化科研档案管理与共享。高校科研档案管理涉及多个部门，容易出现管理不到位、制度不配套和要求不明确等问题，导致有价值的科研资料和科研不端信息难以被及时准确发现，科研诚信审查难以有效实现。将区块链技术应用于电子科研档案，把科研档案的产生人员和档案管理人员共同纳入节点，可更便捷地收集管理档案，用户能够实时获取和访问大量科研档案，及时获取科研档案信息，加快科研档案资源的共享。高校档案部门应更新观念，提高对区块链技术的认识，制定区块链技术在档案运用中的规范性标准，培养新型专业人才，合理配置各方面资源，加强技术研发，积极探索区块链技术在科研档案信息管理中的应用，确保科研档案的真实性和科研活动的可追溯性，为科研诚信审核提供便利。

6.4 实行全流程科研诚信承诺制

科研诚信承诺制是保障科研活动规范、有序开展的重要制度安排。明确诚信承诺的性质、范围、程序与责任，对于推动科研事业健康发展意义重大。通过对全流程科研诚信承诺的细化与优化，一方面能够确保科研活动在负责任的框架下高效开展，另一方面可切实保障科研档案的真实性、规范性与完整性。科研诚信承诺不仅是科研项目负责人与科研项目管理部门之间的约定，更是面向档案管理部门、诚信管理部门的郑重承诺。相关部门应在项目启动之初，将违反承诺的后果明确、一次性地告知项目负责人，强化其责任意识。

---

① 张倩.区块链技术对高校档案信息管理方式创新的可行性探究 [J].档案与建设，2017（12）：21-23.

6.4.1　科研项目团队的内部承诺

科研项目的复杂性决定了大多数项目需要依靠团队协作完成。因此，科研项目组的承诺主体不应局限于科研负责人，而应涵盖科研项目团队的所有成员。从本质上讲，科研项目成员肩负着双重承诺责任：一是对科研项目本身秉持诚信原则开展研究工作的承诺，二是对科研项目负责人在项目执行过程中保持忠诚与协作的承诺。

在实际科研活动中，科研项目团队成员可能出现放松要求的情况，如在撰写科研成果时借鉴他人成果却未标明出处，更有甚者存在剽窃、抄袭等严重学术不端行为，这无疑是对科研项目承诺以及对科研项目负责人承诺的严重违背。为有效避免此类现象，做好科研项目团队的内部承诺，项目负责人需切实履行第一责任人职责；在项目立项阶段，明确科研任务分工，将责任精准落实到每一位成员，并要求其签署科研诚信承诺书；在项目实施过程中，加强自查与定期检查，及时发现并纠正问题；在项目结项时，严格对照既定标准，对科研项目进行全面、细致的审核，规范完善并修正存在的偏差，确保科研成果的质量与诚信。

6.4.2　明确科研承诺的范围、完善科研诚信的流程

科研诚信是科研活动的基石，其建设需全面融入科研信息的全方位管理体系，贯穿项目指南、立项评审、过程管理、结项验收以及监督评价等科研计划管理的全流程。《中华人民共和国科技进步法》明确规定建立科研诚信档案，旨在精准记载并客观反映教师与科研人员的信用行为状况，为科研诚信管理提供关键依据。为进一步夯实科研诚信根基，高校需从以下三方面着力。

一是科研诚信条款前置。在各类科研项目合同中，明确约定科研诚信义务以及违约责任追究条款，将科研诚信要求作为合同的重要组成部分，从源头上强化科研人员的诚信意识与责任担当，使科研诚信成为科研活动开展的基本遵循。

二是全面推行科研诚信承诺制，构建自上而下、逐级负责的科研诚信建设责任体系。不仅科研项目负责人需签署诚信承诺书，从事推荐、申报、评审、评估等工作的相关人员，也应签署诚信承诺书并将其纳入档案管理。科研主体在科研工作中，应强化对科研项目的信息采集、记录与审

核，秉持自愿原则填写科研诚信承诺书，并为申请的科研项目提供真实、可信、完整的科学研究活动原始记录，确保科研过程的可追溯性与科研成果的真实性。

三是强化关联机构诚信审核。将良好的科研诚信状况作为承担科研项目的必要条件，严格审核关联机构的诚信情况。科研档案管理部门应切实履行"科研档案保存"职责，建立定期信息更新、查实与清理机制，确保科研信用信息的准确性与可靠性。同时，将科研诚信档案信息深度融入日常管理工作，使其在科研项目管理、人员评价等方面发挥实质性作用，形成以科研诚信为导向的管理生态。

6.4.3 强化科研项目全过程、全系统的外部监督和惩戒

一是建立科研信用档案和共享平台。高校应严格按照国务院办公厅印发的《关于深化科技奖励制度改革方案》（国办函〔2017〕55号）要求，对违背科研诚信的责任人和单位，记入科研奖励奖惩诚信档案。建立科研信用档案和学术信用数据共享平台，将直接责任人的科研不端行为客观记录在科研诚信档案中，严格落实科研诚信档案一票否决制，使科研诚信成为科研人员和科研机构的行为底线。

二是全过程强化外部监督和惩戒机制。在科研项目立项环节，高校科研管理部门应加强对申报者和评审专家的审查，对被举报和技术审查中出现学术不端行为的相关人员严肃处理。例如，国家自然科学基金委2022年通过对项目申报书的相似性检查，对112个申请书高相似度案件开展调查，严肃处理了96位责任人。同时，完善并严格执行《科学技术活动评审工作中请托行为处理规定（试行）》，对"打招呼""走关系"等请托行为划定"红线"，完善干预影响评审事项的报告与记录制度，对存在违法犯罪、抄袭剽窃、伪造篡改等不同类型失信行为记录的人员，限制参与科学基金评审。在科研项目执行和结题阶段，对于出现举报情况应严格核实、及时处理。对于出现质量问题的项目，应分级分层分析，根据问题的严重程度给予相应的惩罚，如对信息不准确、不当署名不当标注行为给予批评，对抄袭、剽窃、伪造、篡改等严重行为，视情节轻重可做出撤销、终止、禁止申报等处罚。高校科研项目管理部门应摒弃"家丑不可外扬"的陈旧观念，坚持以案促改，严格落实科研失信的规则要求，对科研不端行为零容忍，维护科研诚信的严肃性和权威性。

6.4.4　加强科研诚信的宣传教育

观念树立是长期的、潜移默化的过程，尤其在科研创新转型过程中，推动科研诚信管理应从被动应对向主动迎接转变，建立起科研诚信教育的长效机制。

一是持续营造良好的科研诚信氛围。高校要加强学风引导，每年从取得重大科研突破、具有重大影响的科研成果的档案中遴选典型案例，挖掘科研诚信、科研创新的科学精神，编写鲜活的案例，连续发力，持续形成良好的科研诚信氛围，构建科研诚信的防火墙，使科研人员自觉成为科研诚信的遵从者，引导科研项目团队协同攻关，共同推动科研事业的发展。

二是重视开展科研档案归档规范宣传。高校应利用每年6月9日的国际档案日，开展不同主题日宣传活动，如针对科研档案主题，发放《科学技术研究档案管理规定》等手册，普及科研档案管理知识，形成重视科研档案、遵循档案管理规律的良好氛围。同时，发放《中华人民共和国档案法》《档案立卷操作手册》等资料，提升项目承担者的档案意识和归档能力，使其认识到及时、准确、完整地归档是教师和科研人员必须履行的基本职能，为科研诚信管理提供坚实的档案支撑。

三是加强诚信的日常提醒。高校应结合日常科研不端行为举报中发现的突出问题，将科研诚信要求落实到日常科研活动的过程中，通过提醒来加强规范性约束。例如，中国科学院科研道德委员会通过发布《关于在学术论文署名中常见问题或错误的诚信提醒》以及《关于科研活动原始记录中常见问题或错误的诚信提醒》，及时提醒科研人员避免在科研活动原始记录和学术论文署名等环节出现常见问题或错误，有效规范了科研人员的科研行为。

四是建立健全科研失信惩戒制度体系。《中华人民共和国科技进步法》在法律层面上确立了科研诚信严重失信行为数据库制度，为建立健全科研失信惩戒制度体系提供了法律依据。高校应进一步明确各相关机构的职责权限，建立分工明确、权责统一的科研失信惩戒制度体系。对于出现学术不端问题的行为，要敢于碰硬，从严从快处理，绝不姑息。同时，加强以案促改，对于严重违反科研诚信的失信人，"记入科研诚信严重失信行为数据库"，与《中华人民共和国科技进步法》的惩戒制度相"挂钩"，实现跨机构、跨部门、跨领域的科研诚信联合惩戒，形成强大的威慑力，维护科研诚信的良好秩序。

参考文献

［1］ 国家档案局. 科学技术研究档案管理规定 ［N］. 中国档案报，2020-10-29（01）.

［2］ 国家档案局. 科学技术研究项目档案管理规范（DA/T2 — 2023）［A/OL］.（2023-07-20）［2025-02-20］. https：//www. saac. gov. cn/daj/hybz/202307/476b8a8884ae493286547aab93386a66. shtml.

［3］ 科学技术部科研诚信建设办公室. 科研诚信知识读本 ［M］. 北京：科学技术文献出版社，2009.

［4］ 张红霞. 基于科研诚信建设的高校科研档案管理探索 ［J］. 成都理工大学学报（社会科学版），2018（5）：56-60.

［5］ 金波，丁华东. 电子文件管理学 ［M］. 上海：上海大学出版社，2015.

［6］ 黄霄羽. 外国档案事业史 ［M］. 北京：中国人民大学出版社，2019.

［7］ 冯惠玲，张辑哲. 档案学概论 ［M］. 北京：中国人民大学出版社，2001.

［8］ 雷洁，李思经，赵瑞雪. 基于知识图谱的科研档案管理研究 ［M］. 北京：中国农业科学技术出版社，2021.

［9］ 毕建新，李东，刘卫，等. 电子文件单轨制管理探索：以国家自然科学基金项目电子文件为例 ［J］. 档案学通讯，2019（5）：58-64.

［10］ 何思源，张静. 科研电子文件归档与电子档案管理探索性研究 ［J］. 中国档案，2023（1）：62-63.

［11］ 冯惠玲，刘越男，马林青. 文件管理的数字转型：关键要素识别与推进策略分析 ［J］. 档案学通讯，2017（3）：4-11.

［12］ 王灿. 基于区块链技术的高校电子科研档案管理策略探究 ［J］. 陕西档案，2022（6）：33-34.

［13］梁志霞. 科研电子档案管理的现状及思考［J］. 互联网周刊，2023（12）：52-53.

［14］张晗. 基于 SWOT 分析的科研电子档案单套制管理优化策略探析［J］. 科技视界，2023（6）：45-48.

［15］宋艳双，郑玉荣，吉萍，等. 科研诚信的新挑战：第六届世界科研诚信大会综述［J］. 中国医学伦理学，2019（11）：1502-1506，封 3.

［16］麦克里那. 科研诚信：负责任的科研行为教程与案例［M］. 何明鸿，陈越，译. 北京：高等教育出版社，2011.

［17］曹南燕，邱仁宗. 促进负责任的研究：记首次世界科研诚信大会［J］. 自然辩证法研究，2008（5）108-111.

［18］叶青，杨树启，张月. 科研诚信是全球永远的课题：中国科研管理与学术出版的诚信环境［J］. 中国科技期刊研究，2015（10）：1040-1045.

［19］易蓉蓉. 三代院士折射半个世纪中国科学的发展历程［N］. 科学时报，2005-06-08（06）.

［20］王洪鹏. 呼吁学术诚信加强科研规范：对施普林格撤稿事件的反思［J］. 学会，2018（8）：22-25.

［21］孙琛辉. 科研院所科技档案管理应实行全员参与全过程控制的体制［J］. 兰台内外，2020（18）：53-54.

［22］李孟秋. 论科学数据管理对数字科研档案管理的启示［J］. 浙江档案，2022（6）：31-35.

［23］周湘林. 责任—问责：高校科研诚信问题及其治理［J］. 北京教育（高教），2019（4）：87-91.

［24］邹承鲁. 反虚假是科学家的责任［N］. 中国青年报，2006-4-23（06）.

［25］范姝婕，付晓霞. 2008—2017 年中国作者科学引文索引扩展版（SCI-E）收录论文撤稿情况分析及思考［J］. 编辑学报，2019，31（1）：51-55.

［26］袁子晗，靳彤，张红伟，等. 我国 42 所大学科研诚信教育状况实证分析［J］. 科学与社会，2019，9（1）：50-62.

［27］安小米. 国外科研文件和档案管理研究［J］. 北京档案，2007（5）：40-41.

[28] 张丽娟. 基于过程管理的高校科研档案管理研究 [J]. 云南科技管理, 2017, 30 (5): 19-21.

[29] 刘普. 我国学术不端问题的现状与治理路径: 基于媒体报道的64起学术不端典型案例的分析 [J]. 中国科学基金, 2018, 32 (6): 637-644.

[30] 王珊. 浅析全过程管理机制下高校重点建设项目档案管理 [J]. 办公室业务, 2018 (8): 148.

[31] 林成华. 学术造假亟须系统性治理 [N]. 中国科学报, 2020-04-14 (07).

[32] 国务院. 关于进一步加强科研诚信建设的若干意见 [M]. 北京: 人民出版社, 2018.

[33] 杨健康. 科学素养与科技档案读本 [M]. 长沙: 中南大学出版社, 2018.

[34] 袁增强. 科研人员看档案工作 [N]. 中国档案报, 2014-6-16 (02).

[35] 蔡盈芳. 科研档案工作的原则: 《科学技术研究档案管理规定》解读之二 [J]. 机电兵船档案, 2021 (5): 14-16.

[36] 薛菁华, 徐慧婷, 陈广玉. 全球科研范式数字化转型趋势研究 [J]. 竞争情报, 2022, 18 (6): 54-63.

[37] 康琳. 档案信息资源协同开发研究 [D]. 苏州: 苏州大学, 2021.

[38] 陈艳红、唐菁蔓. 科研诚信档案建设的价值取向及实现路径, 档案学研究, 2019 (5): 33-37.

[39] 邵永同. 高校科研档案信息化建设的对策研究 [J]. 档案学研究, 2018 (3): 95-99.

[40] 徐欣云. 档案 "泛化" 现象研究 [M]. 上海: 世界图书上海出版公司, 2014.

[41] 黄霄羽, 管清潆. 新闻视角评析近期国外档案工作技术应用的特点 [J]. 中国档案, 2018 (7): 71-73.

[42] 富国瑞. 知识服务视域下高校科研档案利用研究 [D]. 济南: 山东大学, 2023.

[43] 史林玉, 詹逸珂, 任珊珊. 集中统一管理: 新中国文件归档发展

的历史脉络、特色与价值 [J]. 档案管理, 2022 (6): 59-62.

[44] 赵惠莉. 课题制管理模式下科研课题档案的管理 [J]. 兰台世界, 2007 (4): 39-40.

[45] 薛冰. 科研项目档案公开现状的调查与分析 [J]. 档案学研究, 2016 (3): 74-77.

[46] 周丽琴. 高校科研档案信息资源建设现状与对策研究 [J]. 档案与建设, 2016 (2): 33-35, 43.

[47] 王飞. 瑞士科研不端治理机制及启示 [J]. 长沙理工大学学报 (社会科学版), 2015, 30 (5): 39-43.

[48] 王纬超. 瑞典科技监督与诚信建设对我国的借鉴作用 [J] 北京教育, 2019 (5): 63.

[49] 加小双, 张斌. 欧美科技档案管理的经验借鉴 [J]. 档案学研究, 2016 (1): 25.

[50] 巫锐, 姚金菊. 德国学术不端问题内部治理机制研究 [J]. 中国高教研究, 2019 (11): 61-68.

[51] 杨文娜, 张斌, 李子林. 国外科研记录与数据管理实践对我国科研项目档案管理的启示 [J]. 档案学研究, 2019 (2): 122-128.

[52] 李友轩, 赵勇. "黄禹锡事件" 后韩国科研诚信的治理特征与启示 [J]. 科学与社会, 2018, 8 (2): 10-24.

[53] 徐巍. 科研诚信治理的国际经验探析 [J]. 科技创新与应用, 2019 (32): 74-76.

[54] 沈娟. 课题制管理模式下科研计划项目档案规范化管理探讨 [J]. 城建档案, 2019 (2): 68-69.

[55] 谭金玉. 试论信息化视角下国外科技档案管理研究进展与特点 [J]. 低碳世界, 2015 (18): 262-263.

[56] 孙晓燕, 侯智洋. 美英法三国科技档案管理的特点及对我国海洋科技档案工作的启示 [J]. 档案学研究, 2018 (5): 51-54.

[57] 陈德春. 丹麦科研诚信建设及经验分析 [J]. 全球科技经济瞭望, 2016 (3): 24-27.

[58] 胡剑. 欧美科研不端行为治理体系研究 [D] 合肥: 中国科学技术大学, 2012.

[59] 潘世萍, 李名选. 美国国家档案馆接收科技档案带给我们的启

示：兼论科技报告的档案属性 [J]. 档案学研究，2017 (5)：113-116.

[60] 柯胜男. 电力科研院所档案管理的问题及对策研究 [J]. 科技视界，2020 (30)：53-54.

[61] 徐拥军，张斌. 我国科技档案管理体制机制的现存问题 [J]. 档案学研究，2016 (1)：14-21.

[62] 张倩. 区块链技术对高校档案信息管理方式创新的可行性探究 [J]. 档案与建设，2017 (12)：21-24.

[63] 刘越男. 区块链技术在文件档案管理中的应用初探 [J]. 浙江档案，2018 (5)：8-9.

[64] 张芝慧. 课题制管理模式下科研计划项目档案规范化管理 [J]. 中国档案，2017 (3)：70-72.

[65] 董宇，安小米，钱澄，等. 信息化视角下国外科技档案管理研究进展与特点 [J]. 档案与建设，2014 (7)：15-19.

[66] 陈淑媛. 知识管理视角下高校科研课题档案管理研究 [J]. 福州大学学报（哲学社会科学版），2014，28 (6)：109-112

[67] 胡志富，王雅琴. 高校科研档案集成管理模式研究 [J]. 浙江档案，2011 (9)：38-39.

[68] 张宁红. 论科技档案管理中的知识产权保护问题 [J]. 黑龙江档案，2011 (4)：10.

[69] 程娅. 加强科研档案监管 预防高校学术腐败 [J]. 浙江档案，2010 (3)：42-43.

[70] 张世林. 高校科研课题档案形成机理与管理模式的创新 [J]. 档案学研究，2010 (4)：38-40.

[71] 韩振英. 网络环境下高校科技档案信息集成服务探讨 [J]. 兰台世界，2009 (2)：17-18.

[72] 李红，马丽宏. 知识经济时代的高校科技档案管理 [J]. 社会科学战线，2007 (4)：321-323.

[73] 崔淑妮. 高等学校科研保密管理体系建设 [M]. 北京：清华大学出版社，2019.

[74] 蔡盈芳. 实现科研档案工作数字化转型的要求与路径 [J]. 中国档案，2021 (7)：66-67.

[75] 莫求，杨佐志. 档案管理工作的实践、探索与研究 [M]. 长春：

东北师范大学出版社，2018.

[76] 邓晓娇. 浅析区块链技术运用于高校电子科研档案管理的策略 [J]. 云南档案，2020（8）：51-53.

[77] 赵丽娟. 高校科研管理的理论与实践探索 [M]. 北京：北京理工大学出版社，2019.

[78] 张兴伟，王国骞，郑永和. 日本《关于应对科研不端行为指南》的经验与启示 [J]. 中国科学基金，2016（3）：250-254.

[79] 毕建新，刘卫，李东. 关于《科学技术研究档案管理暂行规定》修订的思考与建议：以国家自然科学基金项目档案为例 [J]. 档案学研究，2018（5）：7.

[80] 刘杰. 人工智能赋能高校科研档案管理 [J]. 兰台世界，2022（7）：70-72.

附　录

附录A　科研档案管理与科研诚信建设的认知情况调查问卷

尊敬的同仁，您好！感谢您在百忙之中抽出时间参加"高校科研档案管理与科研诚信建设的认知情况调查"问卷调查。课题组需要了解各高校、科研院所、企业等机构科研档案工作的开展及应用情况，调查结果仅用于项目研究，敬请各位老师抽出宝贵时间，给予支持协助。祝各位老师工作愉快，万事如意！

1. 您所在的单位是（　　　）

   A. 高校　　　　　　　　　　B. 科研院所

   C. 企业　　　　　　　　　　D. 其他

2. 您的岗位是（　　　）

   A. 单位负责人　　　　　　　B. 单位内设机构负责人

   C. 工作人员　　　　　　　　D. 其他

3. 您的职业是（　　　）

   A. 高校教师　　　　　　　　B. 档案管理人员

   C. 学生　　　　　　　　　　D. 其他

4. 您认为高校的科研诚信现状（　　　）

   A. 非常好　　　　　　　　　B. 比较好

   C. 一般　　　　　　　　　　D. 不太好

   E. 很不好

5. 您是否对科研档案有所了解？

   A. 有　　　　　　　　　　　B. 没有

6. 您认为科研档案需不需要专人单独管理？

    A. 需要   B. 不需要

7. 您认为科研档案应该采用何种方式归档？

    A. 纸质   B. 电子文件

    C. 两种方式归档

8. 您认为高校科研档案管理工作中最重要的什么？

    A. 管理理念   B. 管理人员素质

    C. 先进的管理设备   D. 管理制度

    E. 政策因素

9. 您觉得高校科研档案在管理中可能出现哪些问题？

    A. 管理制度不够完善

    B. 科研材料归档不完整

    C. 管理数字化网络化建设不完善

    D. 管理人员素质参差不齐

10. 您认为科研档案是否该向社会公开？

    A. 是   B. 否

11. 您是否有阅读科研档案的需求？

    A. 有   B. 没有

12. 您认为高校科研档案管理对科研人员的诚信建设有哪些方面的作用？

    A. 科研档案是科研诚信的原始记录和真实反映

    B. 科研档案是科研活动全流程和诚信管理的基本依托

    C. 科研档案是落实科研过程可追溯制度的必要手段

    D. 科研档案是科研案件调查处理和追责到人的重要依据

13. 您认为科研档案建设对科研诚信作用如何？

    A. 很大   B. 大

    C. 一般   D. 作用不大

14. 您认为科研档案对科研创新有无帮助？

    A. 帮助大   B. 有点帮助

    C. 帮助不大

15. 您觉得哪个部门应该承担科研档案管理责任？

    A. 档案部门   B. 科研管理部门

C. 科研团队　　　　　　　　D. 以上三方均要承担

16. 您认为目前科研档案信息使用效果
　　A. 非常好　　　　　　　　B. 比较好
　　C. 一般　　　　　　　　　D. 不太好
　　E. 很不好

17. 您认为科研档案对赋能"知识社会"的作用？
　　A. 作用大　　　　　　　　B. 作用一般
　　C. 没什么作用

18. 您认为加强高校科研档案管理应该从哪些方面着手？
　　A. 确保档案工作与专项管理"四同步"（同部署、同实施、同检查、同验收）
　　B. 加强对科研项目立项人员科研档案业务的培训和档案管理的检查
　　C. 确保档案管理人员全程介入

19. 您认为档案管理部门管理职责应该强化还是削弱？
　　A. 强化　　　　　　　　　B. 弱化

20. 您认为贵单位对档案管理部门功能定位
　　A. 较为准确　　　　　　　B. 定位偏高
　　C. 定位偏低

附录 B　《科学技术研究档案管理规定》

（国家档案局、中华人民共和国科学技术部令第 15 号）

第一条　为了加强科学技术研究档案（以下简称科研档案）管理，有效保护和利用科研档案，根据《中华人民共和国档案法》《科学技术档案工作条例》和国家科学技术管理有关法律、行政法规，结合科研工作和档案工作实际，制定本规定。

第二条　承担科研项目（包括科研课题，下同）研究、计划管理的机关、团体、企业事业单位及其他组织开展科研档案管理工作适用本规定。

第三条　科研档案是指科研项目在立项论证、研究实施及过程管理、结题验收及绩效评价、成果管理等过程中形成的，具有保存价值的文字、图表、数据、图像、音频、视频等各种形式和载体的文件材料以及标本、样本等实物。

第四条　科研档案工作是科研管理的重要组成部分和科研活动的重要环节，各单位应当把科研档案工作要求纳入科研管理制度与工作流程，与科研项目工作同部署、同实施、同检查，将科研档案管理列入有关部门和人员的职责并予以考核。

第五条　科研项目结题验收时，各单位应当按照分类分级管理的原则，按照有关规定对科研档案的完整性、准确性、系统性进行审查或验收。

第六条　各单位应当按照集中统一管理原则，建立健全科研档案工作规章制度，在人员、库房、设备、经费等方面给予保障，保证科研档案工作顺利开展，确保科研档案完整、准确、可用、安全。

任何人不得以任何理由将应当归档的科研文件材料据为己有或拒绝归档。

第七条　各单位应当把科研档案工作经费纳入本单位预算；科研档案工作产生的支出列入科研项目预算相关科目。

第八条　按照国家档案工作统一领导、分级管理的原则，国家档案主管部门对全国科研档案工作实行监督和指导，国家科技主管部门在国家科技计划（专项、基金等）组织实施过程中加强科研档案工作的统筹协调。科研项目承担单位的上级主管部门（机构）应当把科研档案工作纳入本系统整体工作范畴，切实加强领导和管理。地方科技主管部门（机构）会同档案主管部门对本区域内科研档案工作实行监督和指导。

第九条　中央和地方各级科技主管部门（机构）会同档案主管部门，对本级财政支持的科技计划（专项、基金等）的科研档案工作建立工作机制，并进行监督和指导。

中央财政资金支持的科研项目管理单位对所负责科研项目的档案工作负责，按照科技计划管理要求制定工作制度，建立工作机制。

第十条　科研项目承担单位（含牵头承担单位）对所承担科研项目的档案工作负总责，对科研项目参加单位提出科研档案管理要求，明确档案归属与流向，并按照有关规定进行审查或验收。

科研项目参加单位应当按照国家有关规定及科研项目承担单位的要求做好所参加科研项目的文件材料收集、整理、归档及档案保管、利用、鉴定、处置等工作。

第十一条　各单位档案管理部门集中统一管理本单位科研档案，对本单位科研文件材料的归档工作进行监督和指导，协助科研人员做好科研文件材料收集、整理、归档及科研项目结题验收等工作。

第十二条　科研项目负责人对归档科研文件材料的完整性、准确性、系统性负责。

第十三条　科研项目应当明确专人负责科研文件材料的收集、整理、审核，结题验收后按照要求及时归档。

第十四条　各单位应当根据科研内容和科研管理程序，结合科研项目特点确定归档范围。科研项目在立项论证、研究实施及过程管理、结题验收及绩效评价、成果管理等全过程中形成的，具有保存价值的各种形式和载体的科研文件材料均应当纳入归档范围。

归档范围主要包括但不限于：

（一）立项论证阶段

项目指南、可行性研究报告，项目经费预算文件材料，申报书及相关证明；立项评审文件材料，预算申诉、评审文件材料；立项（含预算）批复，任务合同书（含预算书）及各类协议等。

（二）研究实施及过程管理阶段

研究计划、组织实施工作方案，研究、实验任务书、大纲，实验、探测、测试、观测、观察、野外调查、考察等的原始记录和整理记录，综合分析报告；设计文件、图样，集成电路布图，工艺文件，计算文件，数据处理文件；科学数据；研制的样机、样品、标本等的实物及其目录、图片等。

中期、年度等阶段执行进展情况报告、总结报告、研究成果等；项目、人员、进度、经费等的调整、变更文件材料；撤销项目已开展工作、已使用经费、已购置设备仪器、阶段性成果、知识产权等情况文件材料。

专家咨询、中期检查、中期评审、项目监督工作形成文件材料。

建设的中试线、试验基地、示范点一览表、图片及数据等。

（三）结题验收及绩效评价、成果管理阶段

验收申请书，验收承诺书；工作总结报告，技术报告，项目经费决算等财务情况文件材料。

验收通知，验收评审文件材料；验收现场测试报告，第三方检测、测试、评估报告，用户使用报告及证明、典型用户报告、产业化审核报告等；验收结论书，结题书面通知等。

绩效自评价报告，专家评议文件材料、评价结论等绩效评价工作文件材料。

研究报告、论文、专著、数据库等研究成果文件材料；自评价报告，科技报告；专利、软件及其他知识产权文件材料。

产业化报告、证书、出版物等成果应用、获奖、宣传推广文件材料。

第十五条　科研文件材料归档要求：

（一）归档的科研文件材料制成材料应当符合国家有关规范要求。

（二）科研项目完成或中止后，应当对所形成的科研文件材料加以系统整理，履行审查手续后及时归档；研究周期长的项目，可分阶段归档。

（三）科研文件材料归档时应当根据科研项目的性质、规模、创新性等确定保管期限。保管期限分为永久和定期，定期一般分为 30 年、10 年。

第十六条　科研电子文件的形成、收集、整理、归档及科研电子档案的保管、利用、鉴定、处置等应当按照国家电子文件归档和电子档案管理的有关规定进行。

第十七条　各单位建设或使用科研项目管理系统时，应当充分考虑科研档案管理需要，设置科研电子文件归档管理功能或接口，并确保归档电子文件真实、完整、可用、安全。归档的科研电子文件及其存储格式、元数据等应当符合国家相关规范要求。

第十八条　符合下列条件的单位，科研电子文件可仅以电子形式归档保存。

（一）形成的科研电子文件来源真实有效，由计算机等电子设备形成和传输。

（二）形成科研电子文件的系统能够准确、完整、有效接收和读取电子文件，能够输出符合国家标准归档格式的电子文件，设定了经办、审核、审批等必要的审签程序。

（三）使用的电子档案管理系统能够有效接收、管理、利用电子文件，功能符合电子档案的长期保管要求。

（四）采取有效措施，防止科研电子档案被篡改。

（五）建立科研电子档案备份制度，能够有效防范自然灾害、意外事故和人为破坏的影响。

（六）从外部接收的电子文件来源可靠、程序规范、要素合规。

第十九条　科研档案应当按照《科学技术档案案卷构成的一般要求》（GB/T11822）进行整理，科研电子档案应当按照《电子文件归档与电子档案管理规范》（GB/T18894）进行整理。有条件的单位可以开展科研档案数字化。

第二十条　科研档案的保管应当符合国家有关档案保管的要求，库容量满足未来档案增长的需要。科研档案保管过程中应当定期检查科研档案的保管状况，及时修复破损档案。

涉密科研档案应当按照国家有关规定保管。

第二十一条　各单位档案部门应当按照国家有关规定对保管期满的科研档案进行鉴定。保管期满科研档案的鉴定应当由档案部门牵头，组织有关部门或人员共同进行。经鉴定仍需继续保存的科研档案应当重新划定保管期限，确无保存价值的应当按照有关规定进行销毁。

第二十二条　各单位应当建立健全科研档案开放利用机制，促进科研档案信息共享，加强科研档案资源深度开发。科研档案的开发利用应当严格按照制度执行，符合知识产权保护要求，涉密科研档案的开发利用应当遵守国家有关保密规定。

第二十三条　各单位应当建立科研档案工作统计制度，按照规定做好科研档案统计工作。

第二十四条　分工合作完成的科研项目，应当以任务合同或分工协议条款等书面形式明确约定科研档案的归属、流向、处置和利用共享事项。一般应当由牵头承担单位保存一套完整档案。参加单位在保存本单位承担任务所形成档案的同时，将副本或复制件送交牵头承担单位。

如确系涉及参加单位或该单位科研人员合法权益而不宜向牵头承担单位送交副本或复制件，且有书面约定的，参加单位应当将本单位形成的科研档案目录送交牵头承担单位。

第二十五条　对科研文件材料归档与科研档案管理工作做出突出贡献的单位和个人，应当给予表彰和奖励。

第二十六条　违反本规定的单位和个人，根据《中华人民共和国档案法》《中华人民共和国档案法实施办法》《档案管理违法违纪行为处分规定》等予以处理。

第二十七条　科研项目计划管理单位及项目综合管理形成的档案可按

照文书档案管理。

第二十八条　本规定由国家档案局、科学技术部负责解释，自2020年11月1日起施行。1987年3月20日国家科学技术委员会、国家档案局发布的《科学技术研究档案管理暂行规定》（国档发〔1987〕6号）同时废止。

附录C　科学技术档案案卷构成的一般要求
（GBT 11822-2008）

1. 范围

本标准规定了科学技术档案案卷的组卷原则和方法、案卷和案卷内文件材料的排列、案卷的编目、案卷的装订、卷盒、表格规格及其制成材料的质量要求。

本标准适用于一般科学技术档案的案卷整理。专业性较强和非纸质载体科学技术档案的整理可参照本标准。

2. 规范性引用文件

下列文件中的条款通过本标准的引用而成为本标准的条款。凡是注日期的引用文件，其随后所有的修改单（不包括勘误的内容）或修订版均不适用于本标准，然而，鼓励根据本标准达成协议的各方研究是否可使用这些文件的最新版本。凡是不注日期的引用文件，其最新版本适用于本标准。

GB/T 10609.3 技术制图复制图的折叠方法

3. 术语与定义

下列术语与定义适用于本标准。

3.1 科学技术文件材料（以下简称科技文件）

记录和反映科学研究、生产运营、项目建设活动和设备仪器运行、维护及其管理工作的文字、图表、声像等不同形式文件材料的总称。

3.2 科学技术档案（以下简称科技档案）

国家机构、社会组织以及个人从事各项社会活动形成的，对国家、社会、本单位和个人具有保存价值的，应当归档保存的科技文件。

3.3 案卷

由互有联系的若干文件组合而成的档案保管单位。

3.4 卷内文件目录（以下简称卷内目录）

登录卷内文件题名和其他特征并固定文件排列次序的表格，排列在卷内文件之前。

3.5 卷内备考表

卷内文件状况的记录单。

3.6 档号

以字符形式赋予档案实体的用以固定和反映档案排列顺序的一组代码。

3.7 案卷目录

登录案卷题名、档号、保管期限及其他特征，并按案卷号次序排列的档案目录。

4. 案卷组织

4.1 组卷原则

遵循科技文件的形成规律，保持案卷内科技文件的有机联系和案卷的成套、系统，便于档案的保管和利用。

4.2 组卷要求

4.2.1 案卷内科技文件应齐全、完整，签章手续完备。

4.2.2 案卷内科技文件的载体和书写印制材料应符合档案保护要求。

4.3 组卷方法

4.3.1 针对具体项目的管理性科技文件应放入所针对的项目文件中，按阶段或分年度组卷。

4.3.2 科研课题、产品、建设项目、设备仪器方面的科技文件，应按其项目、结构、阶段或台（套）等分别组卷。

4.3.3 成册、成套的科技文件宜保持其原有形态。

4.3.4 通用图、标准图可放入相应一项目文件中或单独组卷。其他涉及这些通用图、标准图的项目，应在卷内备考表中注明并标注通用图、标准图的图号和档号。

4.3.5 底图以张或套为保管单位进行整理。

4.3.6 产品局部或零部件变更、建设项目和设备仪器在维修和维护中所形成的科技文件，宜采取插卷方式放入原案卷中；亦可单独组卷排列在原案卷之后，并在原案卷的备考表中予以说明和标注。

4.3.7 产品升级换代、建设项目后评估、改扩建或重建所形成的科技文件应单独组卷排列。

5. 案卷和案卷内科技文件排列

5.1 科技文件宜按系统、成套性特点进行案卷或卷内文件排列。卷内文件一般应文字材料在前，图样在后；译文在前，原文在后。

5.2 案卷内管理性文件按问题结合时间（阶段）或重要程度排列。一般应印件在前，定稿在后；正件在前，附件在后；复文在前、来文在后。

5.3 科研类案卷宜按课题可行性研究立项、方案论证、研究实验、总结鉴定、成果和知识产权申报、推广应用等阶段排列。

5.4 产品类案卷宜按产品设计（含初步设计、基础设计、技术设计）、工艺、工装、制造、定型等工作程序，或按其产品系列、结构等排列。

5.5 建设项目类案卷宜按项目前期、项目设计、项目施工、项目监理、项目竣工、项目验收及项目后评估等阶段排列。

5.6 设备仪器类案卷应按设备仪器立项审批、外购设备仪器开箱验收（自制设备仪器的设计、制造、验收）、设备仪器安装调试、随机文件材料、设备仪器运行、设备仪器维护等阶段或工作程序排列。

6. 案卷编目

6.1 卷内科技文件页号编写

6.1.1 案卷内科技文件以件为单位编写页号，以有效内容的页面为一页。

6.1.2 已有页号的文件可不再重新编写页号。

6.1.3 卷内目录、卷内备考表不编写页号。

6.2 案卷封面编制

6.2.1 案卷封面宜印制在卷盒正表面，亦可采用内封面形式（封面式样见图 A1。虚线内为提示项，下同）

6.2.2 案卷题名，应简明、准确地揭示卷内科技文件的内容，主要包括产品、科研课题、建设项目、设备仪器名称或代字（号）、结构、阶段名称、文件类型名称等。

6.2.3 立卷单位，应填写负责组卷部门或单位。

6.2.4 起止日期，应填写案卷内科技文件形成的最早和最晚的时间——年、月、日（年度应填写四位数字，下同）。

6.2.5 保管期限，应填写组卷时依照有关规定划定的保管期限。

6.2.6 密级，应填写卷内科技文件的最高密级。

6.2.7 档号，由全宗号、分类号（或项目代号或目录号）、案卷号组成。

全宗号，需向档案馆移交的档案，其全宗号由负责接收的档案馆给定；

分类号，应根据本单位分类方案设定的类别号确定；

项目代号，由所反映的产品、课题、项目、设备仪器等的型号、代字或代号确定；

目录号，填写目录编号；

案卷号，应填写科技档案按一定顺序排列后的流水号。

6.3 案卷脊背编制

6.3.1 案卷脊背印制在卷盒侧面，脊背式样见图 A2。

6.3.2 案卷题名、保管期限、档号，填写方法同 6.2。

6.3.3 案卷脊背项目可根据需要选择填写。

6.4 卷内目录编制

6.4.1 卷内目录应排列在卷内文件首页之前，式样见图 A3。

6.4.2 序号，应依次标注卷内文件排列顺序。

6.4.3 文件编号，应填写文件文号或型号或图号或代字、代号等。

6.4.4 责任者，应填写文件形成者或第一责任者。

6.4.5 文件题名，应填写文件全称。文件没有题名的，应由立卷人根据文件内容拟写题名。

6.4.6 日期，应填写文件形成的时间——年、月、日。

6.4.7 页数，应填写每件文件总页数。

6.4.8 备注，可根据实际填写需注明的情况。

6.4.9 档号，填写方法同 6.2.7

6.5 卷内备考表编制

6.5.1 卷内备考表式样见图 A4。

6.5.2 卷内备考表应标明案卷内全部文件总件数、总页数以及在组卷和案卷提供使用过程中需要说明的问题。

6.5.3 立卷人，应由立卷责任者签名。

6.5.4 立卷日期，应填写完成立卷的时间。

基于科研诚信建设的科研档案管理探索

6.5.5 检查人，应由案卷质量审核者签名。

6.5.6 检查日期，应填写案卷质量审核的时间。

6.5.7 互见号，应填写反映同一内容不同载体档案的档号，并注明其载体类型。

6.5.8 档号，填写方法同 6.2.7。

6.5.9 卷内备考表，应排列在卷内全部文件之后，或直接印制在卷盒内底面。

6.6 案卷目录编制

6.6.1 案卷目录式样见图 A5。

6.6.2 序号，应填写登录案卷的流水顺序号

6.6.3 档号、案卷题名、保管期限，填写方法同 6.2。

6.6.4 总页数，应填写案卷内全部文件的页数之和。

6.6.5 备注，可根据管理需要填写案卷的密级、互见号或存放位置等信息。

7. 案卷装订

7.1 案卷内文件可整卷装订或以件为单位装订。

7.2 以件为单位装订的应在每件文件首页空白处加盖档号章，式样见图 A7。档号填写方法同 6.2.7，序号填写方法同 6.4.2。

7.3 案卷内超出卷盒幅面的科技文件应叠装。图纸折叠方法见 GB/T 10609.3。破损的科技文件要应修复。

8. 卷盒、表格规格及其制成材料

8.1 卷盒式样见图 A6。

8.2 卷盒规格和制成材料

8.2.1 卷盒外表面规格为：310 mm & times；220 mm。脊背厚度可根据需要设定。

8.2.2 卷盒宜采用 220g 以上的单层无酸牛皮纸板双裱压制。

8.3 表格规格和制成材料

8.3.1 案卷目录、卷内目录、卷内备考表表格规格为：297 mm & times；210 mm。

8.3.2 表格宜采用 70g 以上白色书写纸制作。

8.4 表格字迹应清晰端正。

附录 D　关于进一步加强科研诚信建设的若干意见

科研诚信是科技创新的基石。近年来，我国科研诚信建设在工作机制、制度规范、教育引导、监督惩戒等方面取得了显著成效，但整体上仍存在短板和薄弱环节，违背科研诚信要求的行为时有发生。为全面贯彻党的十九大精神，培育和践行社会主义核心价值观，弘扬科学精神，倡导创新文化，加快建设创新型国家，现就进一步加强科研诚信建设、营造诚实守信的良好科研环境提出以下意见。

一、总体要求

（一）指导思想。全面贯彻党的十九大和十九届二中、三中全会精神，以习近平新时代中国特色社会主义思想为指导，落实党中央、国务院关于社会信用体系建设的总体要求，以优化科技创新环境为目标，以推进科研诚信建设制度化为重点，以健全完善科研诚信工作机制为保障，坚持预防与惩治并举，坚持自律与监督并重，坚持无禁区、全覆盖、零容忍，严肃查处违背科研诚信要求的行为，着力打造共建共享共治的科研诚信建设新格局，营造诚实守信、追求真理、崇尚创新、鼓励探索、勇攀高峰的良好氛围，为建设世界科技强国奠定坚实的社会文化基础。

（二）基本原则

——明确责任，协调有序。加强顶层设计、统筹协调，明确科研诚信建设各主体职责，加强部门沟通、协同、联动，形成全社会推进科研诚信建设合力。

——系统推进，重点突破。构建符合科研规律、适应建设世界科技强国要求的科研诚信体系。坚持问题导向，重点在实践养成、调查处理等方面实现突破，在提高诚信意识、优化科研环境等方面取得实效。

——激励创新，宽容失败。充分尊重科学研究灵感瞬间性、方式多样性、路径不确定性的特点，重视科研试错探索的价值，建立鼓励创新、宽容失败的容错纠错机制，形成敢为人先、勇于探索的科研氛围。

——坚守底线，终身追责。综合采取教育引导、合同约定、社会监督等多种方式，营造坚守底线、严格自律的制度环境和社会氛围，让守信者一路绿灯，失信者处处受限。坚持零容忍，强化责任追究，对严重违背科研诚信要求的行为依法依规终身追责。

（三）主要目标。在各方共同努力下，科学规范、激励有效、惩处有力的科研诚信制度规则健全完备，职责清晰、协调有序、监管到位的科研诚信工作机制有效运行，覆盖全面、共享联动、动态管理的科研诚信信息系统建立完善，广大科研人员的诚信意识显著增强，弘扬科学精神、恪守诚信规范成为科技界的共同理念和自觉行动，全社会的诚信基础和创新生态持续巩固发展，为建设创新型国家和世界科技强国奠定坚实基础，为把我国建成富强民主文明和谐美丽的社会主义现代化强国提供重要支撑。

二、完善科研诚信管理工作机制和责任体系

（四）建立健全职责明确、高效协同的科研诚信管理体系。科技部、中国社科院分别负责自然科学领域和哲学社会科学领域科研诚信工作的统筹协调和宏观指导。地方各级政府和相关行业主管部门要积极采取措施加强本地区本系统的科研诚信建设，充实工作力量，强化工作保障。科技计划管理部门要加强科技计划的科研诚信管理，建立健全以诚信为基础的科技计划监管机制，将科研诚信要求融入科技计划管理全过程。教育、卫生健康、新闻出版等部门要明确要求教育、医疗、学术期刊出版等单位完善内控制度，加强科研诚信建设。中国科学院、中国工程院、中国科协要强化对院士的科研诚信要求和监督管理，加强院士推荐（提名）的诚信审核。

（五）从事科研活动及参与科技管理服务的各类机构要切实履行科研诚信建设的主体责任。从事科研活动的各类企业、事业单位、社会组织等是科研诚信建设第一责任主体，要对加强科研诚信建设作出具体安排，将科研诚信工作纳入常态化管理。通过单位章程、员工行为规范、岗位说明书等内部规章制度及聘用合同，对本单位员工遵守科研诚信要求及责任追究作出明确规定或约定。

科研机构、高等学校要通过单位章程或制定学术委员会章程，对学术委员会科研诚信工作任务、职责权限作出明确规定，并在工作经费、办事机构、专职人员等方面提供必要保障。学术委员会要认真履行科研诚信建设职责，切实发挥审议、评定、受理、调查、监督、咨询等作用，对违背科研诚信要求的行为，发现一起，查处一起。学术委员会要组织开展或委托基层学术组织、第三方机构对本单位科研人员的重要学术论文等科研成果进行全覆盖核查，核查工作应以3—5年为周期持续开展。

科技计划（专项、基金等）项目管理专业机构要严格按照科研诚信要求，加强立项评审、项目管理、验收评估等科技计划全过程和项目承担单位、评审专家等科技计划各类主体的科研诚信管理，对违背科研诚信要求的行为要严肃查处。

从事科技评估、科技咨询、科技成果转化、科技企业孵化和科研经费审计等的科技中介服务机构要严格遵守行业规范，强化诚信管理，自觉接受监督。

（六）学会、协会、研究会等社会团体要发挥自律自净功能。学会、协会、研究会等社会团体要主动发挥作用，在各自领域积极开展科研活动行为规范制定、诚信教育引导、诚信案件调查认定、科研诚信理论研究等工作，实现自我规范、自我管理、自我净化。

（七）从事科研活动和参与科技管理服务的各类人员要坚守底线、严格自律。科研人员要恪守科学道德准则，遵守科研活动规范，践行科研诚信要求，不得抄袭、剽窃他人科研成果或者伪造、篡改研究数据、研究结论；不得购买、代写、代投论文，虚构同行评议专家及评议意见；不得违反论文署名规范，擅自标注或虚假标注获得科技计划（专项、基金等）等资助；不得弄虚作假，骗取科技计划（专项、基金等）项目、科研经费以及奖励、荣誉等；不得有其他违背科研诚信要求的行为。

项目（课题）负责人、研究生导师等要充分发挥言传身教作用，加强对项目（课题）成员、学生的科研诚信管理，对重要论文等科研成果的署名、研究数据真实性、实验可重复性等进行诚信审核和学术把关。院士等杰出高级专家要在科研诚信建设中发挥示范带动作用，做遵守科研道德的模范和表率。

评审专家、咨询专家、评估人员、经费审计人员等要忠于职守，严格遵守科研诚信要求和职业道德，按照有关规定、程序和办法，实事求是，独立、客观、公正开展工作，为科技管理决策提供负责任、高质量的咨询评审意见。科技管理人员要正确履行管理、指导、监督职责，全面落实科研诚信要求。

三、加强科研活动全流程诚信管理

（八）加强科技计划全过程的科研诚信管理。科技计划管理部门要修改完善各级各类科技计划项目管理制度，将科研诚信建设要求落实到项目指南、立项评审、过程管理、结题验收和监督评估等科技计划管理全过程。要在各类科研合同（任务书、协议等）中约定科研诚信义务和违约责任追究条款，加强科研诚信合同管理。完善科技计划监督检查机制，加强对相关责任主体科研诚信履责情况的经常性检查。

（九）全面实施科研诚信承诺制。相关行业主管部门、项目管理专业机构等要在科技计划项目、创新基地、院士增选、科技奖励、重大人才工程等工作中实施科研诚信承诺制度，要求从事推荐（提名）、申报、评审、评估等工作的相关人员签署科研诚信承诺书，明确承诺事项和违背承诺的处理要求。

（十）强化科研诚信审核。科技计划管理部门、项目管理专业机构要对科技计划项目申请人开展科研诚信审核，将具备良好的科研诚信状况作为参与各类科技计划的必备条件。对严重违背科研诚信要求的责任者，实行"一票否决"。相关行业主管部门要将科研诚信审核作为院士增选、科技奖励、职称评定、学位授予等工作的必经程序。

（十一）建立健全学术论文等科研成果管理制度。科技计划管理部门、项目管理专业机构要加强对科技计划成果质量、效益、影响的评估。从事科学研究活动的企业、事业单位、社会组织等应加强科研成果管理，建立学术论文发表诚信承诺制度、科研过程可追溯制度、科研成果检查和报告制度等成果管理制度。学术论文等科研成果存在违背科研诚信要求情形的，应对相应责任人严肃处理并要求其采取撤回论文等措施，消除不良影响。

（十二）着力深化科研评价制度改革。推进项目评审、人才评价、机构评估改革，建立以科技创新质量、贡献、绩效为导向的分类评价制度，将科研诚信状况作为各类评价的重要指标，提倡严谨治学，反对急功近利。坚持分类评价，突出品德、能力、业绩导向，注重标志性成果质量、贡献、影响，推行代表作评价制度，不把论文、专利、荣誉性头衔、承担项目、获奖等情况作为限制性条件，防止简单量化、重数量轻质量、"一刀切"等倾向。尊重科学研究规律，合理设定评价周期，建立重大科学研究长周期考核机制。开展临床医学研究人员评价改革试点，建立设置合理、评价科学、管理规范、运转协调、服务全面的临床医学研究人员考核评价体系。

四、进一步推进科研诚信制度化建设

（十三）完善科研诚信管理制度。科技部、中国社科院要会同相关单位加强科研诚信制度建设，完善教育宣传、诚信案件调查处理、信息采集、分类评价等管理制度。从事科学研究的企业、事业单位、社会组织等应建立健全本单位教育预防、科研活动记录、科研档案保存等各项制度，明晰责任主体，完善内部监督约束机制。

（十四）完善违背科研诚信要求行为的调查处理规则。科技部、中国社科院要会同教育部、国家卫生健康委、中国科学院、中国科协等部门和单位依法依规研究制定统一的调查处理规则，对举报受理、调查程序、职责分工、处理尺度、申诉、实名举报人及被举报人保护等作出明确规定。从事科学研究的企业、事业单位、社会组织等应制定本单位的调查处理办法，明确调查程序、处理规则、处理措施等具体要求。

（十五）建立健全学术期刊管理和预警制度。新闻出版等部门要完善期刊管理制度，采取有效措施，加强高水平学术期刊建设，强化学术水平和社会效益优先要求，提升我国学术期刊影响力，提高学术期刊国际话语权。学术期刊应充分发挥在科研诚信建设中的作用，切实提高审稿质量，加强对学术论文的审核把关。

科技部要建立学术期刊预警机制，支持相关机构发布国内和国际学术期刊预警名单，并实行动态跟踪、及时调整。将罔顾学术质量、管理混乱、商业利益至上，造成恶劣影响的学术期刊，列入黑名单。论文作者所在单位应加强对本单位科研人员发表论文的管理，对在列入预警名单的学术期刊上发表论文的科研人员，要及时警示提醒；对在列入黑名单的学术期刊上发表的论文，在各类评审评价中不予认可，不得报销论文发表的相关费用。

五、切实加强科研诚信的教育和宣传

（十六）加强科研诚信教育。从事科学研究的企业、事业单位、社会组织应将科研诚信工作纳入日常管理，加强对科研人员、教师、青年学生等的科研诚信教育，在入学入职、职称晋升、参与科技计划项目等重要节点必须开展科研诚信教育。对在科研诚信方面存在倾向性、苗头性问题的人员，所在单位应当及时开展科研诚信诚勉谈话，加强教育。

科技计划管理部门、项目管理专业机构以及项目承担单位，应当结合科技计划组织实施的特点，对承担或参与科技计划项目的科研人员有效开展科研诚信教育。

（十七）充分发挥学会、协会、研究会等社会团体的教育培训作用。学会、协会、研究会等社会团体要主动加强科研诚信教育培训工作，帮助科研人员熟悉和掌握科研诚信具体要求，引导科研人员自觉抵制弄虚作假、欺诈剽窃等行为，开展负责任的科学研究。

（十八）加强科研诚信宣传。创新手段，拓宽渠道，充分利用广播电视、报刊等传统媒体及微博、微信、手机客户端等新媒体，加强科研诚信宣传教育。大力宣传科研诚信典范榜样，发挥典型人物示范作用。及时曝光违背科研诚信要求的典型案例，开展警示教育。

六、严肃查处严重违背科研诚信要求的行为

（十九）切实履行调查处理责任。自然科学论文造假监管由科技部负责，哲学社会科学论文造假监管由中国社科院负责。科技部、中国社科院要明确相关机构负责科研诚信工作，做好受理举报、核查事实、日常监管等工作，建立跨部门联合调查机制，组织开展对科研诚信重大案件联合调查。违背科研诚信要求行为人所在单位是调查处理第一责任主体，应当明确本单位科研诚信机构和监察审计机构等调查处理职责分工，积极主动、公正公平开展调查处理。相关行业主管部门应按照职责权限和隶属关系，加强指导和及时督促，坚持学术、行政两条线，注重发挥学会、协会、研究会等社会团体作用。对从事学术论文买卖、代写代投以及伪造、虚构、篡改研究数据等违法违规活动的中介服务机构，市场监督管理、公安等部门应主动开展调查，严肃惩处。保障相关责任主体申诉权等合法权利，事实认定和处理决定应履行对当事人的告知义务，依法依规及时公布处理结果。科研人员应当积极配合调查，及时提供完整有效的科学研究记录，对拒不配合调查、隐匿销毁研究记录的，要从重处理。对捏造事实、诬告陷害的，要依据有关规定严肃处理；对举报不实、给被举报单位和个人造成严重影响的，要及时澄清、消除影响。

（二十）严厉打击严重违背科研诚信要求的行为。坚持零容忍，保持对严重违背科研诚信要求行为严厉打击的高压态势，严肃责任追究。建立终身追究制度，依法依规对严重违背科研诚信要求行为实行终身追究，一经发现，随时调查处理。积极开展对严重违背科研诚信要求行为的刑事规制理论研究，推动立法、司法部门适时出台相应刑事制裁措施。

相关行业主管部门或严重违背科研诚信要求责任人所在单位要区分不同情况，对责任人给予科研诚信诫勉谈话；取消项目立项资格，撤销已获资助项目或终止项目合同，追回科研项目经费；撤销获得的奖励、荣誉称号，追回奖金；依法开除学籍，撤销学位、教师资格，收回医师执业证书等；一定期限直至终身取消晋升职务职称、申报科技计划项目、担任评审评估专家、被提名为院士候选人等资格；依法依规解除劳动合同、聘用合同；终身禁止在政府举办的学校、医院、科研机构等从事教学、科研工作等处罚，以及记入科研诚信严重失信行为数据库或列入观察名单等其他处理。严重违背科研诚信要求责任人属于公职人员的，依法依规给予处分；属于党员的，依纪依规给予党纪处分。涉嫌存在诈骗、贪污科研经费等违法犯罪行为的，依法移交监察、司法机关处理。

对包庇、纵容甚至骗取各类财政资助项目或奖励的单位，有关主管部门要给予约谈主要负责人、停拨或核减经费、记入科研诚信严重失信行为数据库、移送司法机关等处理。

（二十一）开展联合惩戒。加强科研诚信信息跨部门跨区域共享共用，依法依规对严重违背科研诚信要求责任人采取联合惩戒措施。推动各级各类科技计划统一处理规则，对相关处理结果互认。将科研诚信状况与学籍管理、学历学位授予、科研项目立项、专业技术职务评聘、岗位聘用、评选表彰、院士增选、人才基地评审等挂钩。推动在行政许可、公共采购、评先创优、金融支持、资质等级评定、纳税信用评价等工作中将科研诚信状况作为重要参考。

七、加快推进科研诚信信息化建设

（二十二）建立完善科研诚信信息系统。科技部会同中国社科院建立完善覆盖全国的自然科学和哲学社会科学科研诚信信息系统，对科研人员、相关机构、组织等的科研诚信状况进行记录。研究拟订科学合理、适用不同类型科研活动和对象特点的科研诚信评价指标、方法模型，明确评价方式、周期、程序等内容。重点对参与科技计划（项目）组织管理或实施、科技统计等科技活动的项目承担人员、咨询评审专家，以及项目管理专业机构、项目承担单位、中介服务机构等相关责任主体开展诚信评价。

（二十三）规范科研诚信信息管理。建立健全科研诚信信息采集、记录、评价、应用等管理制度，明确实施主体、程序、要求。根据不同责任主体的特点，制定面向不同类型科技活动的科研诚信信息目录，明确信息类别和管理流程，规范信息采集的范围、内容、方式和信息应用等。

（二十四）加强科研诚信信息共享应用。逐步推动科研诚信信息系统与全国信用信息共享平台、地方科研诚信信息系统互联互通，分阶段分权限实现信息共享，为实现跨部门跨地区联合惩戒提供支撑。

八、保障措施

（二十五）加强党对科研诚信建设工作的领导。各级党委（党组）要高度重视科研诚信建设，切实加强领导，明确任务，细化分工，扎实推进。有关部门、地方应整合现有科研保障措施，建立科研诚信建设目标责任制，明确任务分工，细化目标责任，明确完成时间。科技部要建立科研诚信建设情况督查和通报制度，对工作取得明显成效的地方、部门和机构进行表彰；对措施不得力、工作不落实的，予以通报批评，督促整改。

（二十六）发挥社会监督和舆论引导作用。充分发挥社会公众、新闻媒体等对科研诚信建设的监督作用。畅通举报渠道，鼓励对违背科研诚信要求的行为进行负责任实名举报。新闻媒体要加强对科研诚信正面引导。对社会舆论广泛关注的科研诚信事件，当事人所在单位和行业主管部门要及时采取措施调查处理，及时公布调查处理结果。

（二十七）加强监测评估。开展科研诚信建设情况动态监测和第三方评估，监测和评估结果作为改进完善相关工作的重要基础以及科研事业单位绩效评价、企业享受政府资助等的重要依据。对重大科研诚信事件及时开展跟踪监测和分析。定期发布中国科研诚信状况报告。

（二十八）积极开展国际交流合作。积极开展与相关国家、国际组织等的交流合作，加强对科技发展带来的科研诚信建设新情况新问题研究，共同完善国际科研规范，有效应对跨国跨地区科研诚信案件。